ESSAI

SUR LA

DISCIPLINE DES PRISONS

ESSAI

SUR LA

DISCIPLINE DES PRISONS

OU COMPARAISON

ENTRE

LES SYSTÈMES DE SÉPARATION ET D'AGRÉGATION DES PRISONNIERS

TRADUIT DE L'ANGLAIS DE M. HOWE

PARIS

DE L'IMPRIMERIE DE CRAPELET

RUE DE VAUGIRARD, 9

1848

AVIS DU TRADUCTEUR.

Une grande réforme est à l'ordre du jour, non pas dans les estaminets de la banlieue et de la province, mais auprès des grands pouvoirs législatifs. Nous voulons parler de la réforme des prisons.

Depuis longtemps cette question est agitée, depuis longtemps tous ceux qui ont vu nos prisons et nos bagnes ont senti qu'il y avait *quelque chose à faire*.

En effet, la société a le droit de retrancher de son sein ceux qui y ont porté le trouble par leurs méfaits, mais a-t-elle le droit de vouer à perpétuité au crime celui qui a offensé les lois? A-t-elle le droit de renfermer dans un horrible pêle-mêle le parricide qui, grâce à l'admission de *circonstances atténuantes*, en est souvent quitte pour aller travailler dans les arsenaux de la marine, avec un malheureux qui aura commis un faux en écriture de commerce ?

A-t-elle le droit de vouer à perpétuité à l'infamie un homme coupable d'une imprudence ou d'une maladresse, en lui imposant pendant des mois la compagnie de voleurs éhontés ?

En vérité, poser de pareilles questions, c'est les résoudre ; et la postérité s'étonnera que cette solution ait été attendue si longtemps ! Autant vaudrait soigner dans une même salle d'hôpital l'épileptique et le pestiféré, le fiévreux et le lépreux.

La classe la plus malheureuse de la société est toujours celle qui fournira le plus d'hôtes à nos prisons, car la faim est une *mauvaise conseillère*. Il appartient donc au siècle et au gouvernement qui a tant fait pour les classes laborieuses, qui a fondé les caisses d'épargne et créé une espèce de liste civile de l'ouvrier par le développement des travaux publics ; qui a vu naître les crèches et les salles d'asile et qui travaille avec tant de persévérance à créer l'éducation primaire ; il appartient, disons-nous, à notre siècle et à notre gouvernement de remédier à la plaie hideuse et toujours croissante de la corruption de nos prisons, d'en moraliser la population trop nombreuse, ou du moins de ne pas permettre plus longtemps que les malheureux privés pour un temps de leur liberté ne la recouvrent qu'en devenant nécessairement plus mauvais qu'avant leur premier crime. La société a le droit de punir, elle n'a pas le droit de corrompre.

Pénétré de cette vérité, nous avons, dans un récent voyage aux États-Unis, recueilli tous les documents que nous avons pu rencontrer sur la question pénitentiaire. Nous avions la pensée d'utiliser, au moins par extraits, quelques-uns de ces documents. Mais en lisant la brochure dont nous donnons aujourd'hui la traduction, nous avons pensé que nous ne pouvions rien faire de plus utile que de mettre ce travail sous les yeux des personnes qui s'occupent de l'amélioration de nos prisons.

Le témoignage de M. Howe, en faveur du système pensylvanien est d'autant moins suspect que, ainsi qu'on le voit dans sa préface, il a commencé par être un zélé partisan du système d'Auburn.

Nous avons élagué, tant de la préface que du corps de la brochure, quelques passages relatifs, pour ainsi dire, à des querelles de famille qui n'avaient aucun intérêt pour nous; mais nous avons cherché à rendre bien fidèlement tous les arguments, même quand nous ne partagions pas entièrement la manière de voir de l'auteur [1].

Seulement, comme un traducteur se résigne difficilement à être une simple machine, comme il ne consent pas volontiers à s'effacer entièrement (et le lecteur en a une première preuve dans ces quelques lignes), nous nous sommes permis de joindre à l'ouvrage des notes succinctes et peu nombreuses, quelquefois pour confirmer le témoignage de l'auteur, quelquefois aussi pour ne pas paraître adopter des sentiments qui n'étaient pas les nôtres. A chacun la responsabilité de ses œuvres, et pour ne pas rejeter celle qui nous appartient, nous avons eu soin de désigner chaque note par des initiales qui en feront connaître l'origine.

[1] Nous avons aussi un peu changé la forme du travail de M. Howe, qui était un rapport à la Société des prisons de Boston.

PRÉFACE DE L'AUTEUR.

J'ai été membre de la Société des prisons de Boston pendant bien des années; pendant longtemps j'ai cru pouvoir me fier entièrement aux opinions exposées dans ses rapports, et par conséquent je ne mettais pas en doute l'immense supériorité du système d'Auburn sur le système pensylvanien; mais j'eus quelque raison de douter de la sûreté de mon guide. L'esprit de nos rapports était si partial, les louanges du système d'Auburn étaient si chaudes et la censure du système pensylvanien si amère, qu'il n'y avait pas moyen de ne pas soupçonner l'existence d'un violent esprit de parti. Il semblait bien extraordinaire que tant de gens de bien et de sens, dans un État voisin, prêtassent leur nom à un système dont nos rapports ne pouvaient jamais dire un seul mot favorable. Une inspection que je fis en personne des principales prisons des États-Unis, et mes réflexions subséquentes, me convainquirent que l'on ne pouvait attacher beaucoup de confiance à nos rapports ni comme faits ni comme doctrines.

Mon attention une fois éveillée sur ce sujet, son importance m'apparut bientôt dans toute son étendue. Le nombre d'êtres humains enfermés annuellement dans les prisons des pays civilisés est si grand que si on l'énonçait il paraîtrait incroyable à tous ceux qui ne se sont pas spécialement occupés de cette matière. Des milliers de ces prisonniers sont jeunes, des milliers appartiennent au sexe le plus faible, des centaines de milliers sont pour la première fois sous la main de la justice, et leur avenir *moral et matériel* dépendra beaucoup de la manière dont cette justice sera rendue; si elle est tempérée par l'indulgence et la miséricorde, ou si elle demande œil pour œil, dent pour dent. Dans bien des pays chrétiens et civilisés, même dans notre propre pays, la prison est la première et seule école que le gouvernement entretienne, et que fréquentent des milliers de ses malheureux sujets. De quelle importance n'est-il donc pas que ce soit une école de vertu et non une école de vice?

Quand le gouvernement s'empare d'un individu, surtout s'il est jeune, et qu'il le prive de sa liberté d'action, il assume à la fois les devoirs et la responsabilité d'un père et d'un tuteur. Combien est effroyable la pensée que bien des gouvernements remplissent ce devoir d'une manière qui appellerait le plus sanglant mépris sur un père véritable. Les pensionnaires de l'État n'ont guère à attendre que les cachots, les fers et l'échafaud, et leur tuteur ne semble s'occuper que de prolonger l'existence matérielle de ses victimes, en les entassant ensemble dans des antres infects où règne une atmosphère de crime et de dépravation qui tue l'âme, et tout cela sans bien possible pour le prisonnier.

Dans les pays où les citoyens n'ont point de part au gouvernement, ils peuvent se laver les mains de ces horreurs; mais ici où nous prétendons que nos gouvernants sont sous nos ordres, ici où leurs actes sont l'expression de notre volonté, comment excuserons-nous le traitement qu'éprouvent nos frères déchus? car même dans notre pays beaucoup de prisons sont infectées d'une peste morale, et les meilleures n'ont qu'un but, celui de retirer le plus possible du travail des convicts. Il n'y a pas chez nous une prison où l'on s'occupe suffisamment de l'instruction morale et religieuse, et de l'éducation de ceux que la loi retient de force sous son patronage. Il n'y a pas une prison où leur amélioration et leur réformation soient cultivées comme elles devraient l'être; pas une où leur moralité n'ait à perdre. Je m'en suis convaincu par l'observation et la réflexion, malgré la flatteuse insinuation faite à notre Société par son secrétaire, que dans la prison modèle d'Auburn on faisait pour les prisonniers tout ce qu'il était possible de faire.

Trouvant que le système d'emprisonnement tant loué et tant recommandé par nos rapports était loin de satisfaire aux besoins et aux exigences légitimes des prisonniers, j'examinai les autres systèmes dépréciés par ces mêmes rapports, et je ne pus m'empêcher de conclure que leur *principe était meilleur et leur application plus humaine*. Je souhaitai que d'autres se livrassent au même examen; mais l'esprit amer de parti dans lequel nos rapports étaient écrits excluait tout espoir d'y voir jamais (et il n'y avait pas d'autre publication de ce genre dans la Nouvelle-Angleterre) ni arguments ni faits en faveur du système pensylvanien; on ne pouvait même espérer qu'il fût trouvé digne de quelque considération.

Je pensai en conscience que ces rapports préconisaient le plus mauvais système, étaient un obstacle à toute amélioration, et nuisaient à la cause de la réforme des prisons. J'étais alors membre de la législature du Massachussetts, et quand, en 1843, on discuta le bill qui proposait le crédit ordinaire pour l'impression et la distribution des rapports annuels de notre Société, j'usai de toute mon influence pour en empêcher l'adoption. Le bill fut rejeté. On interpréta ma conduite comme un acte d'hostilité envers la Société; mais dans le fait je ne lui étais pas moins dévoué que par le passé, seulement je préférais le bien des prisonniers; mon seul motif était de m'opposer à la circulation de l'erreur; je ne voulais pas que de fausses doctrines fussent revêtues du grand sceau de l'État; je ne voulais pas que l'argent du public servît à faire circuler une guerre de pamphlets dirigée contre un système que je commençais à regarder comme le meilleur mode d'emprisonnement qui existât.

Nous ne croyons pas que les prisons de la Pensylvanie soient parfaites, nous voulons seulement comparer les deux systèmes en présence : celui généralement connu sous le nom d'Auburn, et celui connu sous le nom de système pensylvanien, et nous montrerons la grande supériorité du dernier.

Si ce travail peut être de quelque utilité à l'amélioration des prisons et au bien-être des prisonniers, mon but sera atteint. Je le présente, malgré ses imperfections, à tous les amis de l'amélioration des prisons.

ESSAI

SUR LA

DISCIPLINE DES PRISONS.

Tous ceux qui se sont occupés de la réforme des prisons savent que deux systèmes sont en présence, l'un connu sous le nom d'Auburn, et l'autre sous celui de système pensylvanien.

Cependant comme il est nécessaire que les *mots* correspondent aux *choses*, nous ne croyons pas devoir adopter ces dénominations. Souvent des noms inexacts sont une source d'erreurs et de préjugés; nous n'aimons pas ceux qui sont ordinairement attachés aux deux systèmes, et bien que nous n'ayons pas l'espoir de changer l'acception généralement reçue, nous le ferons pour les lecteurs qui auront la patience de nous suivre.

Le système d'Auburn est pratiqué dans beaucoup

de pays. Il n'est cependant pas né à Auburn, et c'est un nom inexact; on l'appelle quelquefois le système du silence, mais il n'est pas silencieux comme le prouve assez le bruit produit par les travaux de toutes les prisons. Ce n'est pas un système social, comme quelques-uns l'appellent, si son but est atteint, celui *de ne pas permettre de communication entre les prisonniers*. Son trait particulier est que les hommes travaillent ensemble le jour; nous l'appellerons donc le système de l'agrégation.

Le système pensylvanien n'est pas particulier à l'État dont il porte le nom, il n'y a pas pris naissance, ce nom est donc inexact et incorrect. Ce n'est pas un système de solitude; on ne tend pas à la solitude, au contraire, les condamnés ont plus de jouissances sociales que dans le système de l'agrégation comme nous le montrerons plus tard. Ils sont *isolés* des autres criminels, mais en société des *gens de bien*; il est donc injuste d'appliquer à ce système un nom que ses amis repoussent comme une injure. Son trait particulier et distinctif est la séparation, car son principe et sa pratique sont de séparer les condamnés l'un de l'autre; nous l'appellerons donc le système de la séparation.

J'allai visiter le pénitencier de Philadelphie avec plusieurs de mes collègues de la Société des prisons du Massachussetts; nous fûmes reçus avec bonté et hospitalité. Toutes les portes s'ouvrirent devant nous, et on nous permit, on nous invita même à entrer dans les cellules et à causer sans témoins avec les détenus. On nous donna communication des livres et des registres, et toutes nos questions relatives aux écrous, à la statistique de la santé et de l'insanité, aux dépenses, etc., reçurent prompte et satisfaisante réponse.

Nous trouvâmes la prison en très-bon ordre et les chambres des détenus, car nous pouvons à peine les appeler des cellules, propres et confortables. On sait que chaque condamné est enfermé seul dans une chambre pendant tout le temps de sa détention. Ces chambres sont enduites en plâtre, blanchies à la chaux, bien éclairées par une fenêtre, et une température douce est entretenue par des tubes d'eau chaude. Le mobilier se compose d'un lit qui se relève contre la muraille, d'une chaise et d'une table, d'un métier à tisser, d'un établi à faire des souliers ou des outils nécessaires à la profession du prisonnier. Des lieux d'aisances fort propres sont aussi placés dans chaque cellule. Quelques prisonniers ont de plus un ou deux rayons pour placer des livres, un miroir et quelques autres petits ustensiles qui augmentent leur bien-être[1].

[1] Les chambres ont onze pieds neuf pouces de long, sept pieds

Les chambres du rez-de-chaussée ont une porte sur le corridor et une autre sur une petite cour dans laquelle le prisonnier se promène tous les jours[1]. Chaque cour a une porte sur le vaste espace qui s'étend entre les ailes du bâtiment, et qui contient des plates-bandes cultivées par les condamnés dont la santé exige plus d'exercice que n'en peuvent faire les autres. Quelques-unes des petites cours sont cultivées pendant l'été comme parterres, et un pauvre reclus qui avait planté un pêcher dans son jardin y a recueilli assez de fruits pour en envoyer un à chaque officier et à chacune des prisonnières. Nous mentionnons ce fait comme une preuve touchante des bons effets d'un travail de cette nature.

Les prisonniers étaient propres, bien vêtus et

six pouces de large et seize pieds six pouces de hauteur au centre de la voûte; les petites cours ont quinze pieds de longueur sur huit de large, et sont entourées d'une muraille de onze pieds de hauteur. (*Note de l'auteur.*)

[1] Chaque cellule du rez-de-chaussée a une de ces petites cours, mais naturellement celles des étages supérieurs ne peuvent en avoir. On remédie à ce grave inconvénient en donnant à chaque détenu de ces étages deux cellules au lieu d'une, et en y mettant de préférence les femmes, qui ont moins besoin d'air, et les hommes qui n'ont que peu de temps à faire. Mais l'inconvénient n'en est pas moins réel, et lorsque la prison a un ou plusieurs étages au-dessus du rez-de-chaussée, l'humanité commande l'établissement de préaux séparés, pour que les prisonniers puissent prendre de l'air et de l'exercice. (*Note du traducteur.*)

semblaient bien nourris; ils étaient calmes et respectueux, et avaient en général l'air d'hommes soumis et repentants. Ils paraissaient satisfaits de nous voir, surtout quand nous répétions nos visites, parce que c'était un indice de l'intérêt qu'ils nous inspiraient. Leur conversation était sensée et calme, et bien que nos entrevues fussent quelquefois assez prolongées, nous ne pûmes découvrir en eux aucun sentiment d'amertume contre personne. Ils désiraient tous avoir plus de visites qu'ils n'en avaient, mais tous aussi convenaient que la société des autres condamnés leur serait préjudiciable.

Nous ne remarquâmes aucune faiblesse d'intelligence ni rien de ce genre *qui semblât général.* Nous parlerons plus au long de la mortalité et de la démence, mais nous pouvons remarquer ici que les prisonniers parlaient généralement du traitement qu'ils éprouvaient avec satisfaction et quelques-uns avec gratitude[1].

[1] Nous sommes heureux de pouvoir joindre ici notre témoignage personnel à celui de l'honorable M. Howe. Les prisonniers que nous avons visités nous ont *tous* parlé avec reconnaissance de la bonté de leurs gardiens et de la manière dont ils étaient traités et nourris. Le directeur, qui nous accompagnait, avait l'extrême délicatesse de s'éloigner aussitôt qu'une chambre était ouverte, afin de laisser toute liberté au prisonnier et à nous-mêmes. Pas une plainte ne nous est parvenue; ils auraient aussi désiré un peu plus de société, mais aucun n'aurait voulu de celle des autres condamnés, tant ils en sentaient les inconvénients. Tous ces malheu-

Le témoignage des prisonniers en faveur de leurs gardiens est moins suspect que les plaintes, car chez des gens dans cette situation, un sentiment de reconnaissance est moins naturel que le sentiment contraire; cependant ce témoignage ne peut être reçu qu'avec une certaine précaution, car quelques condamnés diront toujours ce qu'ils supposent être le plus agréable à leurs visiteurs, ce qui les mettra en relief, ou ce qui pourra être répété à leurs gardiens avec quelque avantage pour eux. A tout prendre cependant, il résulte, de tout ce que nous avons entendu, la conviction que les prisonniers sont généralement traités avec beaucoup de bonté.

Ainsi que nous le montrerons plus tard, la différence entre le principe des deux systèmes est que l'un tend à séparer entièrement chaque prisonnier de ses compagnons de crimes, tandis que l'autre s'arrête court et se contente d'une séparation partielle; cependant la dispute entre les par-

reux avaient l'air grave, sérieux, un peu triste, et, il faut en convenir, tous sont un peu pâles; ils représentent assez au naturel ce qu'on a dit des anciens anachorètes. Un de ceux que nous vîmes était Irlandais; je lui demandai s'il n'était pas catholique, et, sur sa réponse affirmative, je l'interrogeai sur l'espèce de liberté dont il jouissait à cet égard. Sa réponse me toucha profondément : il me dit qu'il avait le bonheur de voir un prêtre de sa religion chaque quinze jours, et c'est, ajouta-t-il d'un air de conviction complète, une bien grande consolation. (*Note du traducteur.*)

tisans des deux modes de réclusion, comme toutes les querelles de famille, a été d'autant plus chaude que l'espace qui les séparait était plus étroit; la discussion dégénéra si bien en querelle que l'objet primitif, le bien des prisonniers, sembla en danger d'être entièrement oublié. Un des plus fâcheux effets de cette dispute, est que les faits *si entêtés* de leur nature, sont devenus souples comme des théories; et la statistique, si inflexible en apparence, a cédé comme le fer sous le marteau, et a semblé devenir malléable et flexible comme ce métal, cédant d'un côté et d'un autre sous le coup des deux parties adverses.

On lit dans le rapport de notre Société des prisons, publié en 1826, quand cette question était encore dans l'enfance : « Le plan des bâtiments et le système de discipline et d'instruction introduit à Auburn remédient à tous les inconvénients du système pénitentiaire; nous avons là ce que l'Europe et l'Amérique attendaient depuis longtemps, une prison modèle. »

Sans doute, à l'époque de la publication du rapport, cette opinion était plausible, mais l'expérience a prouvé qu'elle était aussi déraisonnable que le serait la prétention de présenter nos chemins de fer comme la perfection de la locomotion, et comme un modèle que l'univers devrait s'empresser d'imiter. Le même rapport contient : « Que pourrait-on demander pour les criminels qui n'existe à Auburn? la tempérance et la frugalité règnent *nécessairement* dans leur régime; ils sont entièrement employés à quelque travail utile, du matin au soir; ils sont astreints à une obéissance complète, ils sont *amplement pourvus* des moyens d'instruction mondains et religieux qui peuvent les conduire au salut; il est à peine nécessaire d'ajouter qu'à Auburn il y a exclusion positive de tous les maux provenant de la cohabitation de chambres remplies de monde, etc., etc. [1] »

A l'époque de cette publication on construisait le pénitencier de Philadelphie; il fut terminé en 1829 et organisé d'après le principe de la *séparation des condamnés;* chaque prisonnier occupa une cellule dans laquelle il travailla le jour et dormit la nuit.

Les rapports de notre Société des prisons con-

[1] Ceux qui sont familiers avec l'histoire des prisons de New-York verront, en se rappelant les abus effoyables qui y ont régné et y règnent encore, à quel point l'esprit de parti donne peu le don de prophétie. A ce moment même le sang d'un prisonnier crie vengeance contre les officiers d'Auburn. Ils attendent leur jugement pour un meurtre commis par l'abus des moyens employés pour obtenir une *obéissance complète*. La vie scandaleuse de la majorité des libérés, qui ont cependant été pendant tant d'années *amplement pourvus d'instructions religieuses qui peuvent les conduire au salut*, forme un malheureux commentaire de la dernière partie de la prédiction. (*Note de l'auteur.*)

tinuèrent à attaquer vivement le système pensylvanien, oubliant dans leur partialité de comparer les principes généraux de la discipline des prisons. L'insuccès vrai ou supposé de la seule prison de Philadelphie a paru suffisant pour condamner tout un système.

Il est certain, cependant, qu'une prison d'après le meilleur système, peut être si mal administrée qu'elle deviendra détestable, pendant qu'une autre, d'un système inférieur, administrée par des mains habiles peut devenir admirable. Quand même la vérité de tout ce que nos rapports disent contre la prison de Philadelphie serait prouvée; quand même il serait prouvé que la prison d'Auburn est supérieure sous tous les rapports, le grand principe sur lequel est fondé le premier de ces établissements, l'entière séparation des condamnés subsistera toujours.

Ce principe n'a jamais été suffisamment approfondi dans nos rapports; il nous semble donc convenable de prendre un point de vue plus élevé, de laisser de côté les discussions sur les mérites administratifs de tel ou tel établissement, et de considérer le principe général qui doit nous diriger dans la construction et l'administration de toutes les prisons.

Si on nous objecte qu'en agissant ainsi, nous nous adonnons trop à des raisonnements théoriques et pas assez aux faits, nous répondrons : 1° Que la bonté d'une prison dépend de l'accord qu'il y a entre les principes de son administration et les principes de la nature humaine, modifiés par la vie ordinaire des condamnés; et, 2° Que le sujet étant presque entièrement nouveau, les statistiques ont peu d'autorité.

Que si l'on est surpris de nous voir arriver à une conclusion si différente de celle du rapport de notre Société des prisons, nous répondons que si jamais nous avons eu quelque préjugé, avant d'avoir visité les prisons basées sur le système de séparation et avant d'avoir fait une étude particulière de la question, c'était certainement en faveur du système d'agrégation.

Nous allons maintenant donner un court historique de la discipline des prisons dans ce pays, sans cependant entrer dans les détails de l'état affreux qui y régnait avant la réforme, et qui règne encore dans celles de notre pays auxquelles cette réforme ne s'est pas étendue. Nous dirons seulement en termes généraux que c'étaient les égouts infects dans lesquels on jetait tout ce qui était corrompu ou ce qui était suspect de le devenir. Là, le vieillard et le jeune homme, le débutant et le vétéran du crime, le simple vagabond et le voleur de grand chemin, le délinquant et le meurtrier étaient confondus dans des chambres sales et étroites et y étaient abandonnés sans travail, sans instruction, quelquefois sans vêtements, et dans cette masse confuse se commettaient des crimes de la nature de ceux qui jadis attirèrent le feu du ciel sur des villes abominables.

A la fin, ces maux devinrent insupportables à l'humanité, et des hommes de bien se mirent résolûment à l'œuvre. La Pensylvanie a marché en tête de la réforme, et en tête de la Pensylvanie marcha la société philadelphienne pour la réforme des prisons. Il fut généralementreconnu que la vraie source du mal était, comme Howard et d'autres l'avaient dit, dans la corruption engendrée par l'entassement des prisonniers; il parut que le seul remède possible était la séparation.

La réforme commença dans la prison de Wallnutt-Street à Philadelphie, qui était un pandémonium rendu plus hideux par l'usage du rhum que les gardiens vendaient aux prisonniers. On introduisit la séparation avec obligation de travail, et un grand bien fut obtenu.

Mais la réforme fut retardée par la division de ses partisans en deux camps : l'un, le moins nombreux, voulait *l'emprisonnement solitaire sans travail,* et réussit à organiser le pénitencier de Pittsburg sur ce plan. On obtint même un acte de la législature ordonnant que le pénitencier de l'État serait organisé sur le même plan; mais on fut enfin obligé de céder devant la force de la vérité, et l'on ne permit jamais au nouveau pénitencier de faire cette téméraire expérience.

New-York suivit de près ses voisins dans cette généreuse lutte pour la réforme. Le *confinement solitaire sans travail* passait alors pour la panacée de tous les maux des prisons, et l'on en essaya à Auburn, en 1822, sur quatre-vingts condamnés. Des prisons furent aussi organisées sur ce plan dans les États de Maine, Virginie et New-Jersey. L'expérience fut faite dans les circonstances les plus défavorables, et les cellules étaient telles que personne n'eût voulu s'en servir comme de cages pour des bêtes fauves. Cependant on en vit assez pour juger du principe; les détenus moururent ou devinrent idiots ou fous.

New-York abandonna le principe de détention solitaire sans travail, et mit les prisonniers ensemble dans les ateliers et les réfectoires, et les enferma la nuit dans des cellules séparées. Le mérite du principe de séparation prévalut, et on introduisit une discipline qui tendait à prévenir toute communication entre les prisonniers. D'autres États suivirent cet exemple, et l'on organisa des prisons sur le même plan, c'est-à-dire en maintenant jusqu'à un certain point la séparation entre les condamnés.

La Pensylvanie, tout en abandonnant le plan de

l'emprisonnement solitaire sans travail, s'attacha fermement au principe de *l'entière séparation* des condamnés, et tendit à accomplir ce que New-York et les autres États ne faisaient que partiellement. Le pénitencier de Philadelphie fut organisé de manière à combiner les avantages des prisons de Pittsburg et d'Auburn. Les hommes furent isolés de jour et de nuit, comme dans la première, et employés à quelque travail comme dans la seconde, avec cette notable différence, cependant, que chaque individu travailla dans sa cellule et ne vit jamais la figure d'un autre prisonnier. Tel est le système pensylvanien ou *de séparation.*

La différence entre les deux systèmes est donc que l'un tend à faire *partiellement* ce que l'autre tend à faire *entièrement*. Le système d'agrégation recule devant la séparation complète, effrayé de la dépense et de quelques autres difficultés; le système pensylvanien marche hardiment en avant, s'appuyant sur cette base que si une séparation *partielle* est bonne entre criminels, une séparation *totale* doit être meilleure.

On croirait difficilement que deux systèmes si semblables en apparence puissent être considérés comme étant pour ainsi dire en état d'hostilité, et que l'un des partis ait pu attaquer l'autre avec tant de zèle et même d'amertume. Tel a été le cas cependant, et il en est résulté que les plus chauds partisans de chaque système attaquaient le mode d'administration de l'autre, comme si cela attaquait le principe.

Il y a cependant un fait qui doit être clair pour tous ceux qui jugent sans prévention. Les avocats du système d'Auburn ont reconnu non en paroles, mais en faits, la bonté du principe pensylvanien de séparation complète, car tout en réunissant leurs prisonniers le jour, ils s'efforcent de *maintenir une séparation morale en les obligeant au silence*, et en prohibant toute communication par gestes. Tous les détails de leur discipline tendent à ce but[1].

On doit se souvenir que New-York et Philadel-

[1] Il est à remarquer que, dans le système d'Auburn, tous les employés ont constamment l'air menaçant et la démarche de vrais tyrans de mélodrames. Et comment en serait-il autrement? ils ont toujours à lutter contre l'exercice du plus naturel des droits, celui donné à l'homme par la Providence d'exprimer sa pensée. De plus, ils sont peu nombreux, n'ont pas même un soldat pour les soutenir au besoin; ils doivent donc se tenir toujours sur la défensive, être toujours, pour ainsi dire, sur pied de guerre. Impossible au contraire de voir des physionomies plus douces, plus calmes que celles des employés du pénitencier de Philadelphie. L'inspecteur qui nous accompagnait partout était un homme d'une éducation parfaite, et possédait les manières les plus douces et les plus *gentleman like*. On conçoit que tout le monde puisse accepter des fonctions de cette nature dans un établissement où la force n'est jamais nécessaire et où l'on peut rendre tant de services à l'humanité souffrante. (*Note du traducteur.*)

phie abandonnèrent l'ancien système de l'emprisonnement solitaire *sans travail* par deux motifs, les maux produits par l'oisiveté et le besoin de société qu'éprouve la nature humaine; ces deux États remédièrent complétement au premier de ces maux en donnant de l'ouvrage aux détenus. New-York essaya de remédier au second en accordant à ses condamnés *une société partielle entre eux*, et Philadelphie en accordant aux siens la société *exclusive des honnêtes gens*.

Nous ne perdrons cependant pas notre temps à démontrer ce qui est maintenant parfaitement clair pour nous, que le système d'Auburn est seulement une application partielle et imparfaite du système pensylvanien; mais puisque le public est fermement persuadé que la différence est très-grande (et elle existe réellement dans le mode d'administration), nous considérerons les effets de chacun de ces modes.

Nous avons montré que, dans le principe, la différence semble assez minime, mais dans la pratique elle peut être immense; comme boire modérément et s'abstenir complétement de vin peuvent être à peu près la même chose; mais quelle différence quand il s'agit de prévenir l'ivrognerie! Nous croyons cette comparaison tout à fait exacte. La corruption mutuelle est le grand mal à guérir : le système de l'agrégation tend au but en accordant à dose modérée la fréquentation de la mauvaise compagnie, le système de la séparation par une abstention totale.

Après ces observations préliminaires sur les principes, nous allons les considérer dans leur application aux prisons.

Les buts principaux de l'emprisonnement sont : 1° de s'assurer de la personne du délinquant, et de l'empêcher ainsi de nuire de nouveau à la société; 2° de donner un exemple des maux qui s'attachent au crime, tel que les autres et le coupable lui-même ne soient pas tentés d'en commettre; 3° d'améliorer le criminel et de le renvoyer meilleur qu'il n'était.

I.

Le premier but, celui de s'assurer de la personne du condamné, peut être aussi bien atteint sous le régime de la séparation que sous celui de l'agrégation. Il y a eu une seule évasion du pénitencier de Philadelphie depuis qu'il est construit; mais il est plus important de considérer quel est le système qui présente le moins de tentation d'évasion, et celui qui en prévient le mieux la réalisation.

Dans le système de séparation bien observé, il ne peut y avoir aucun complot de révolte et d'évasion; les hommes ne se voient pas, ils ne s'entendent pas parler, chacun est seul dans sa cellule, et quand même il parviendrait à sortir, il ne peut faire sortir les autres.

Dans le système de l'agrégation, la tentation de révolte est constante, parce que les hommes ont la conscience de leur force, car ils sont réunis souvent avec des instruments meurtriers entre les mains, et sont gardés par un petit nombre d'employés. Dans ce système, les révoltes ne sont pas rares, et cette année même il y en a eu une dans la maison de correction de South-Boston, une des mieux tenues du monde : une bande d'hommes armés de leurs outils s'insurgea et se précipita dans le dock ; sans la présence d'esprit et l'activité du surintendant qui se tenait près de là, quelques-uns de ces malfaiteurs se seraient échappés en bateaux. Il n'y a pas longtemps, dit-on, même les femmes détenues de Sing-Sing se sont révoltées, ont désarmé la sentinelle, l'ont jetée par la fenêtre, et on ne put les faire rentrer dans leurs cellules qu'à la pointe de la baïonnette[1].

[1] La sentinelle jetée par la fenêtre pourrait bien n'être qu'un embellissement du compte rendu auquel nous avons emprunté ce fait. Nous avons eu sous les yeux, depuis que ceci est écrit, le rapport des inspecteurs, qui porte seulement ceci : « Les femmes refusèrent de travailler, elles assaillirent les gardiens, menacèrent les *matrones*, déchirèrent leurs habits et se mirent en pleine révolte. » (*Note de l'auteur.*)

Nous croyons d'autant plus à *l'embellissement*, que, dans toutes les prisons que nous avons visitées, nous n'avons pas vu une sen-

Mais sans nous arrêter davantage aux faits de révolte, voyons quel est le système qui le prévient le mieux, et par les moyens les plus doux.

Le système de séparation prévient tout complot : il oppose ses murailles et ses grilles aux tentatives d'évasion ; les murailles et les grilles sont un obstacle, mais ne causent pas d'irritation et n'ont pas l'air de soupçonner le condamné et de veiller sur lui, il ne les *personnifie* pas et n'en fait pas un objet de haine et de répulsion ; les gardiens n'ayant pas de crainte d'évasion ne paraissent pas surveiller le prisonnier, et n'étant pas l'obstacle immédiat qui s'oppose à sa fuite, sont moins exposés à sa haine.

Le système d'agrégation rassemble les hommes pendant le jour et leur donne la tentation de comploter ; les officiers sont tenus en conséquence à exercer plus de surveillance, de contrainte, et souvent obligés de punir. Les hommes voient donc dans les officiers l'obstacle immédiat à leur évasion et à leurs complots ; ils s'aperçoivent qu'ils sont surveillés et soupçonnés ; s'ils ont la conscience de leur innocence, ils sont blessés par ce soupçon ; s'ils ont de mauvais desseins, ils sont irrités ; et dans tous les cas leurs sentiments envers l'officier

tinelle. — Dans toutes nos courses aux États-Unis, nous avons vu *une seule fois* un factionnaire, c'était au Navy-Yard ou arsenal de Boston. (*Note du traducteur.*)

sont de nature à s'opposer à la confiance et à cette impression de bon vouloir qui serait nécessaire pour arriver à un amendement. Ce n'est pas là une vaine supposition, et l'obstacle n'en sera pas moins réel en général parce qu'on aura vu dans des cas particuliers des officiers dans le système d'agrégation obtenir la confiance et l'affection des condamnés; ces hommes gagneraient plus si l'inconvénient dont nous parlons n'existait pas. Ainsi le premier objet d'une détention, la sécurité des personnes, nous paraît mieux atteint dans le système de la séparation que dans celui de la réunion.

II.

Le second objet de l'emprisonnement est de détourner les criminels de commettre de nouveaux crimes. Voyons quel est le système le mieux adapté à cet effet. Nous ne croyons pas que les hommes naturellement portés au crime en soient souvent détournés par la crainte des conséquences, surtout si ces conséquences sont douteuses, ni même lorsqu'elles sont certaines; si elles ne sont pas immédiates, visibles et tangibles. Les pays dont les codes sont le plus sanguinaires ne sont pas pour cela ceux où les crimes sont le plus rares, c'est souvent le contraire. Il y a dans le crime des séductions qui étonnent et repoussent l'âme honnête. Quelquefois l'amour du danger excite l'âme aventureuse, et c'est une erreur de croire que l'égoïsme seul est la cause du crime. Le même esprit qui conduit le guerrier à chercher la gloire devant la bouche du canon pousse quelquefois le criminel à braver la prison et le gibet.[1]

Cependant la crainte de l'emprisonnement a ses effets, et on peut la considérer relativement à deux classes d'individus : ceux qui entrent dans la carrière du crime et n'ont pas encore subi de jugement, et les incorrigibles récidivistes. La première classe se compose, on le sait, de jeunes gens, de gens sans éducation et sans réflexion. Ces personnes n'ont pas l'habitude ou le pouvoir de considérer les choses sous un point de vue *abstrait*. Elles ne réfléchissent pas sur les horreurs de l'emprison-

[1] Le capitaine Maconochie, dernier surintendant de la prison de Norfolk-Island, homme dont les écrits sont profondément philosophiques dans tout ce qui a rapport aux prisonniers, et dont la vieille expérience est si complète, dit : « On suppose que la crainte de la souffrance peut à elle toute seule détourner du crime; c'est une erreur. Par la longue habitude que j'ai acquise des prisonniers, je *sais* que ceux dont les dispositions sont criminelles, sont plutôt stimulés que détournés par les menaces de la loi. Ils croient que s'ils sont découverts, ils pourront ou les éviter ou les endurer; ils sont du moins préparés à essayer; ils sont souvent à moitié captivés par l'esprit d'aventure attaché à l'entreprise; et même, dans le cas contraire, quand ils sont plutôt effrayés, les plaisanteries de leurs camarades les engagent à poursuivre. A moins de bien connaître les prisonniers, on ne peut se figurer combien c'est là l'histoire de presque tous les criminels. » (*Note de l'auteur.*)

nement; il leur faut quelque chose de *concret*, une prison sous les yeux avec ses privations et ses souffrances. Supposons que, sur les six mille visiteurs de l'an passé à la prison de Charlestown, il y en ait eu cinquante dont la conscience disait qu'ils menaient un genre de vie qui pouvait les conduire à habiter là [1]. Supposons qu'ils étaient venus pour voir ce qu'était réellement une prison [2], ou pour voir un ami qui, moins heureux, avait été pris; ils examinent les choses de près; ils voient que les condamnés sont en bonne santé, occupés à des travaux propres et sains, dans des ateliers vastes et commodes; ils les voient prendre une large portion de pain et de viande qu'ils vont manger dans une petite cellule propre et confortable. N'est-il pas

[1] Charlestown est un faubourg de Boston. C'est là qu'est la *state prison* du Massachussets. Il ne faut pas traduire *state prison* par *prison d'État*, ce qui serait en donner une idée fausse; mais bien par prison de l'État. C'est ce qui correspond à la fois à nos maisons centrales et à nos bagnes. (*Note du traducteur.*)

[2] Nous n'avons pas, il est vrai, la profonde expérience du respectable M. Howe, mais nous ne croyons pas que les choses se passent ainsi qu'il le dit dans ce passage. Nous ne croyons pas que celui qui a envie de commettre un crime en analyse ainsi toutes les conséquences possibles; nous croyons bien plutôt qu'il cherche à s'étourdir sur le danger, comme le font quelquefois les enfants qui ferment les yeux pour ne pas voir les objets qui leur font peur. Toujours est-il, selon nous, que si le *yankee* méditant un crime procède de cette façon, il y a là un trait de caractère national bien distinctif. (*Note du traducteur.*)

probable que quelques-uns d'entre eux s'écrient : Après tout, il n'y a là rien de si effrayant : voilà mon ami Tom ou Dick gras et content; il mange tant qu'il veut, est bien logé, bien vêtu, a nombreuse compagnie; si mon tour vient, je peux prendre mon parti tout comme lui. — Maintenant, supposons ces hommes conduits par la curiosité à visiter les prisons de Philadelphie. Ils traversent le sombre portique et se promènent en long et en large dans ces longues galeries de pierre où tous les visiteurs sont admis. De chaque côté sont les petites portes de fer qui servent de clôtures aux cellules et empêchent de voir le prisonnier. De quelques-unes il ne sort pas le moindre bruit, c'est un silence de mort; d'une autre cellule on entend le faible bruit d'un marteau ou d'une navette, et peut-être ce bruit provient-il d'un être chétif, pâle, exténué par la souffrance, le travail et la solitude.

La nature humaine est toujours la même, et, par la même raison que les exécutions secrètes, dans la cour de la prison, ont plus d'effet pour prévenir le crime que les exécutions sur la place publique, par cette même raison, disons-nous, la destinée mystérieuse du condamné, qui passe ses jours dans une prison du système de séparation, est plus effrayante que ne peut l'être le sort bien connu d'un détenu dans le système de l'agrégation.

Pour la seconde classe, celle des criminels endurcis, il est bien connu qu'ils ne craignent rien tant qu'une séparation de leurs co-détenus. Ils se sont toujours associés avec des criminels; ils ont des sympathies communes, et cette camaraderie est leur seule consolation pour la perte de l'estime du monde, leur seul refuge contre le désespoir. En général, ils craignent la société obligée des gens de bien.

Tous ceux qui connaissent l'histoire des systèmes pénitenciers dans ce pays se souviennent que, lorsque le système d'Auburn, avec tous ses avantages sur les anciennes prisons, fut préconisé et introduit, on eut la preuve la plus évidente que les condamnés auraient préféré des années de détention dans les anciennes prisons, avec toutes les abominations résultant de la communication libre, à autant de mois dans la nouvelle prison, avec son silence et sa séparation pratique [1], et il nous paraît évident que, si les condamnés craignent la séparation partielle du système d'Auburn, ils doivent

[1] Nous pouvons donner sur ce point les preuves les plus concluantes, comme aussi de la répulsion que des condamnés qui ont été à Auburn et à Philadelphie éprouvent pour cette dernière prison. (*Note de l'auteur.*)

On sait que nos forçats regrettent beaucoup l'ancien mode de transport. Ils préféraient traverser toute la France à pied, la chaîne au cou, au mode de transport actuel des voitures cellulaires. (*Note du traducteur.*)

craindre encore plus la séparation complète du système pensylvanien.

Pour bien juger de notre raisonnement, le lecteur doit se souvenir que les motifs qui auraient de l'influence sur lui dans le choix d'une prison, seront loin de peser du même poids sur l'âme d'un criminel. L'honnête homme repousserait avec horreur la société et le contact des criminels qui lui seraient imposés dans le système de l'agrégation; il préférerait être séparé de tous les prisonniers et soustrait à la vue du public, ce qu'il trouverait dans le système de la séparation. Mais telle ne serait pas l'impression de la classe de gens dont nous nous occupons.

En parlant de faire un exemple pour détourner du crime, nous ne parlons pas de la moralité de la chose, nous disons seulement que c'est actuellement l'un des objets de l'emprisonnement; dans tous les cas, ceux qui soutiennent les droits de la société de faire cet exemple admettront qu'il faut du moins le faire de la manière la moins nuisible à la moralité de la victime. Le système d'agrégation, en exposant le prisonnier aux regards du public, à la vue et à la société de centaines de criminels, brise ce qui peut lui rester de bons sentiments, mortifie son orgueil et le dispose bien moins à la réforme que le système de séparation qui le soustrait à tous les yeux, si ce n'est à ceux des gens de bien.

Le second objet de l'emprisonnement, celui de détourner les autres du crime, quelque imparfaitement qu'il soit atteint par le système de séparation, l'est donc à un moindre degré par le système d'agrégation, dont la discipline, sous le rapport moral, est plus nuisible au prisonnier.

III.

Nous venons maintenant au troisième objet de l'emprisonnement, qui est le plus important, l'amélioration du prisonnier, objet qui, nous le craignons, n'a jamais été atteint à un degré satisfaisant dans aucune prison ni dans aucun système. Beaucoup de personnes qui connaissent bien la matière doutent beaucoup de la possibilité de réformer une proportion sensible de criminels adultes, et leur septicisme n'est que trop justifié par l'histoire passée des prisons; mais nous avons des siècles devant nous, et avec la conviction de la puissance presque sans bornes de l'intelligence humaine dirigée par l'amour de l'humanité, nous pouvons espérer, contre toute espérance. Depuis longtemps ce sujet occupe l'attention publique; beaucoup d'hommes intelligents ont traité la question; d'immenses sommes ont été dépensées pour améliorer les prisons, mais le seul but a toujours été d'assurer l'intérêt de l'État, de défendre la propriété et la société, et de *punir* ceux qui portaient atteinte à ces grands intérêts. Le bien-être des prisonniers a toujours été un objet secondaire, sauf le cas où l'influence individuelle d'hommes bienveillants se faisait sentir. C'est seulement tout nouvellement et dans peu de cas que la charité envers les prisonniers a adouci l'exécution des arrêts de la justice, et tel a été l'effet de cette nouvelle influence, qu'on aperçoit facilement que tout ce qui a été fait n'est rien, comparé à ce qui reste à faire.

Il faut amener le condamné à sentir que son amélioration est l'une des raisons de son emprisonnement, et que les règles de la prison tendent à ce but. Quand il entre, il faut qu'il voie le mot *espérance* écrit sur la porte, et pendant son séjour il doit entendre souvent répéter les mots *courage* et *résolution*.

La discipline de la prison doit essayer de réformer : 1° en séparant le prisonnier des autres coupables; 2° en l'habituant à un travail utile; 3° en lui donnant la compagnie de gens qu'il puisse aimer et imiter, de bons livres qui lui suggéreront de bonnes pensées; 4° en lui donnant la faculté d'exercer et de confirmer ses bonnes résolutions, par toute la liberté compatible avec la sûreté de la prison.

Avant de considérer la manière dont ces moyens de réformation sont atteints dans les deux systèmes, nous remarquerons en général que le meilleur est celui qui, toutes choses égales d'ailleurs, sera le plus simple dans sa nature, applicable par plus de personnes, et dépendant moins du caractère particulier des employés; celui qui fera appel au sens moral et à l'affection du prisonnier, plutôt qu'à la peur et à l'égoïsme; et enfin qui s'adaptera le mieux au différent caractère des condamnés.

Nous allons passer en revue ces diverses conditions.

Quel est le système le plus simple et applicable par plus de personnes?

Un peu d'attention à la discipline des prisons, spécialement en ce qui touche à l'un des buts des deux systèmes, je veux dire l'interdiction de communication entre les condamnés, nous fera voir quel est celui qui remplit le mieux cette condition. Nous avons parlé de l'importance du principe de la séparation; nous avons vu que les deux systèmes y tendaient, nous n'avons pas besoin de nous appesantir sur ce sujet.

Voyons quels sont les efforts faits pour y arriver. Le système d'agrégation sépare entièrement les condamnés pendant la nuit. Il y a un bâtiment construit exprès pour parquer les hommes dans le plus petit espace qu'il soit possible de consacrer à une séparation en pierres; les cellules sont aussi serrées que celles des abeilles; dans chacune, au coucher du soleil, on enferme un condamné qui se couche dans un lit étroit comme un cercueil[1]; tout autour de lui, serrés comme dans un cimetière bien rempli, sont ses compagnons d'infortune; il doit être tranquille comme un mort, car les surveillants sont toujours là, se traînant à l'instar des chats, l'oreille au guet et sans souliers, pour saisir le moindre bruit[2]. La nuit, l'isolement est donc complet. Au lever du soleil, les portes sont ouvertes, et à un signal donné les hommes sortent dans le corridor, faisant tous face du même côté. A un second signal, ils s'approchent et forment une ligne serrée, la poitrine appuyée contre le dos et par conséquent la bouche à six pouces de l'oreille de celui qui est devant. A un troisième signal ils marquent le pas, puis ils marchent doucement et en ordre à travers la cour, se rendant aux ateliers. Là ils sont menés à leurs places, rangés en lignes parallèles, faisant tous face du même côté, et ils commencent la tâche journalière. Ils

[1] Cette description, parfaitement exacte, ne s'accorde guère avec ce que l'auteur disait plus haut, du confort des cellules. (*Note du traducteur.*)

[2] Ajoutons, pour compléter le tableau, que la construction des prisons de Charlestown et d'Auburn semble tendre un piége aux malheureux qu'elles renferment, car les portes des cellules, au lieu d'être pleines, sont des grilles à claire-voie. (*Note du traducteur.*)

travaillent ensemble, assis à côté les uns des autres, et la parole leur est interdite! Ils peuvent se voir, mais non se regarder! ils peuvent entendre les soupirs et jusqu'à la respiration l'un de l'autre, mais il leur est défendu d'émettre aucun son intelligible, de se donner aucun signe de sympathie ou de communauté de pensées! car l'œil du surveillant est toujours sur eux, et ils seront punis s'ils oublient un moment qu'ils sont des machines et s'ils osent supposer qu'ils sont avec des êtres vivants!

Cette séparation et ce silence ne peuvent cependant s'observer que dans certains ateliers, ceux par exemple des tailleurs ou des cordonniers; ceux des fabricants de brosses, des ébénistes, etc., présentent une scène d'animation et de bruit, les hommes vont et viennent, la tête baissée, près de la tête d'un voisin, et peuvent se parler bas presque sans chance d'être découverts. Quand la cloche sonne pour le déjeuner, les hommes vont au réfectoire dans l'ordre où ils sont venus aux ateliers, ou dans certaines prisons, ils défilent devant le tour de la cuisine, chacun reçoit sa portion, et, sans laisser son rang, va dans sa cellule où il est enfermé pendant le temps du repas. La cloche sonne de nouveau, les hommes sortent dans le même ordre et retournent au travail jusqu'à l'heure du dîner, moment où ils sont renfermés dans leurs cellules.

Voyons maintenant comment agit le système de séparation et comment il parvient à isoler le prisonnier : chacun a une cellule à part, comme il l'a la nuit dans le système d'agrégation ; les murs de séparation sont construits spécialement en vue de prévenir toute communication entre les détenus; les gardiens sont toujours sur le qui-vive, et aucun prisonnier ne fait un bruit ou un signal qui puisse être entendu ou vu par son voisin sans l'être également, et même plus distinctement, par le gardien qui veille dans le corridor.

Si le système d'agrégation peut prévenir toute communication la nuit, *a fortiori* le système de séparation peut-il le faire pour le jour et la nuit, puisque les cellules sont construites dans cette vue.

Il est clair que le premier grand objet, la privation de toute communication, est plus souvent atteint par le système de séparation que par celui d'agrégation. Dans le premier, on n'a à prévenir que la communication par le son; dans le second, il faut se méfier non-seulement du sens de l'ouie, mais de celui du toucher et de la vue.

Un moment de réflexion, ou mieux encore, une heure de visite à l'une des prisons appartenant au système d'agrégation, prouvera à tout homme de sens qu'il est absolument impossible d'empêcher des êtres humains, placés dans de telles conditions, de se communiquer leurs pensées et leurs sentiments. C'est une vérité presque mathématique que quelles que soient la vigilance et la sévérité, il est impossible de laisser des hommes travailler ensemble dans un même atelier pendant une année, à distance de la vue, de l'ouie et du toucher, sans qu'ils aient jamais aucune communication ; ils connaîtront la tournure, l'attitude, les traits, tous les détails de physionomie, et jusqu'au caractère les uns des autres; ils inventeront un système de signaux et auront de fréquentes communications. Il est certain que chez des malheureux privés de tous les autres sens, l'âme emprisonnée parvient à donner jour à ses impressions par le toucher seul, et l'on voudrait que des hommes réunis, ayant la libre disposition de leurs yeux, l'oreille au guet, les mains libres, pouvant remuer les lèvres sans bruit, ne se servent pas de tant de moyens qu'ils ont à leur disposition! C'est impossible : ils peuvent causer et ils le feront même sans articuler une parole; les hommes emploieront tout ce qu'ils ont d'adresse et d'énergie pour tromper leurs gardiens et arriver à leurs fins, et nous savons que, dans de telles circonstances, ils sont presque capables d'accomplir des miracles.

Il serait d'ailleurs trop tard pour nier le fait, dans toutes les prisons du système d'agrégation, même avec le cruel fouet toujours suspendu sur leurs têtes, les prisonniers communiquent librement, nous en avons la certitude; les surveillants eux-mêmes en conviennent, et les plus violents partisans du système ne peuvent plus longtemps fermer les yeux.

M. Crawford, ce commissaire éclairé du gouvernement anglais, qui a visité toutes nos prisons, dit dans son rapport : « Les résultats obtenus par le pénitencier d'Auburn, malgré l'ordre et la régularité de sa discipline, ont été fort exagérés; ses défenseurs prétendent que la séparation morale des prévenus est complète, et que l'objet principal de l'isolement est atteint. Mais quelles que soient les vigilantes précautions prises pour prévenir toute communication, les prisonniers conversent par signes et par paroles à voix basse, ils en ont la facilité dans tous les ateliers et pendant qu'ils marchent en ligne. »

Nous pourrions faire un volume de citations d'ouvrages recommandables pour prouver que, dans le système d'agrégation, les prisonniers ne sont pas isolés, mais nous préférons nous appuyer sur les principes généraux, plutôt que sur les détails concernant telle ou telle prison, détails qui peuvent faire exception à la règle commune. Nous donnerons seulement un extrait du discours du ministre de l'intérieur de France, dans la dernière discussion qui eut lieu à la Chambre des députés, sur la question d'introduire en France, dans toutes les prisons, le système de séparation.

Le projet de loi avait été rédigé avec grand soin après des années de recherches, et le ministre s'était préparé à la discussion par l'étude, l'observation, et avait d'ailleurs de grands avantages par sa position même.

« Ce n'est pas par esprit de théorie que je soumets ces observations à la Chambre, mais par l'expérience des résultats, par la pratique des affaires; c'est par là que j'y suis conduit. Quelques améliorations que nous ayons introduites dans les maisons centrales, quelques exceptions que certaines maisons puissent offrir, il n'en est pas moins vrai de dire que le système en lui-même est un système vicieux; il n'y a pas moyen de les améliorer assez pour empêcher ces grands établissements d'être de véritables ateliers de crimes, aussi bien que des espèces de manufactures industrielles; c'est là le caractère principal des maisons centrales aujourd'hui. Et comment pourrait-il en être autrement? Pouvons-nous empêcher la communication de détenu à détenu? Pouvons-nous les obliger à un continuel silence? Si nous pouvions les obliger au silence, nous établirions entre eux de toutes les séparations la plus cruelle : le silence c'est la séparation morale. On trouve atroce la séparation matérielle : que serait la séparation morale? Des hommes qui, se trouvant à côté les uns des autres, pourraient à chaque instant se parler et qu'on en empêcherait, ne serait-ce pas là un système qui mériterait l'épithète de cruel? Mais ce système est impossible; aussi qu'arrive-t-il? je le demande à tous ceux qui se sont occupés de prisons. On a beaucoup cité les rapports de directeurs; mais non-seulement je les lis, mais je cause avec un certain nombre d'entre eux. Eh bien, ils sont unanimes sur ce point, qu'il est impossible d'empêcher la corruption des détenus dans les maisons centrales. (*Moniteur* du 11 mai 1844.)

Moyens de séparation des prisonniers dans les deux systèmes.

Nous devons demander à Dieu chaque jour de n'être pas tentés au delà de nos forces; nous devrions aussi avoir pour maxime, quand nous voulons arriver à l'amendement des prisonniers, de ne pas les tenter trop fortement d'enfreindre les règles de la prison, surtout dans les premiers moments de leur réclusion. Nous agissons directement contre ce principe quand, dans le système de l'agrégation, nous mettons les hommes en contact et leur défendons de se regarder; quand nous les mettons à portée de l'oreille et leur défendons de parler ou d'écouter; quand nous excitons toute l'activité de leur nature sociale, et leur défendons de se communiquer leurs pensées et leurs sentiments.

Il n'y a pas de plus forte tendance dans la nature que celle d'échanger ses pensées et ses sentiments avec ceux qui nous entourent, et nous plaçons les prisonniers dans une position plus cruelle que celle que les anciens avaient faite à Tantale, car nous tendons la coupe aux lèvres d'un homme qui a soif, et nous le punissons du fouet s'il se permet d'avaler une goutte d'eau[1] !

Les habitudes antérieures de ces infortunés prouvent que la peur du châtiment n'a pas suffi pour les détourner du crime : ils ont été tentés, et ils ont succombé. Nous les mettons en prison; nous les exposons à la tentation, presque irrésistible, d'enfreindre la règle, et nous exigeons qu'ils s'y soumettent, sous peine de châtiment! Est-ce là la conduite la plus sage et la plus charitable à tenir avec nos frères déchus? N'affaiblissons-nous pas notre autorité et leur respect pour la loi, en exi-

[1] La pratique générale dans la prison d'Auburn est de punir immédiatement du fouet, et il n'en peut guère être autrement. La commission envoyée par le gouvernement de New-York pour visiter cette prison, dit dans son rapport : « Si les manquements à la discipline, au lieu d'être réprimés immédiatement par un coup, étaient déférés à une investigation quelconque, il en résulterait des discussions continuelles devant les inspecteurs qui seraient obligés d'être constamment à la prison. » (*Note de l'auteur.*)

geant une obéissance que nous ne pouvons obtenir? Le système de séparation, qui diminue la tentation par l'isolement et en rendant les communications entre les prisonniers cent fois plus difficiles, n'est-il pas plus sage?

Considérons encore un autre effet produit sur le détenu par le mode différent de ces deux systèmes, nous verrons que dans celui de la séparation, le détenu aura moins de mauvaise volonté contre l'officier, ce qui est essentiel, car il doit sentir qu'il obéit à la loi plutôt qu'à un maître.

D'abord, le prisonnier ne voit pas la figure de ses co-détenus; il ne sait pas quel est son voisin : ce peut être un de ces hommes comme il s'en trouve tant en prison, portés à plaire aux officiers en observant la règle et en dénonçant leurs camarades. Ainsi, la tentation de causer à travers les murailles, quand même ce serait possible, est beaucoup moins grande : car le plaisir est moindre et le danger d'être découvert plus grand. Dans ces obstacles, le prisonnier ne voit pas la volonté individuelle du gardien, mais les murailles et le système lui-même; en conséquence, il est moins porté à l'animosité contre l'officier.

D'un autre côté, dans le système d'agrégation, il existe une tentation irrésistible et une constante opportunité de se voir. Chacun sait lire dans les yeux la sympathie qu'il inspire : ainsi commence la connaissance; des signes sont échangés, et une correspondance se forme. Si un officier intervient, alors commence une dispute pour savoir s'il a le droit de punir un regard; ou s'il commande le silence, alors surgissent dans le cœur du détenu les animosités, les imputations de tyrannie, les pensées de vengeance. Rien de tout cela n'eût existé si le prisonnier se fût trouvé seulement en face de murailles en pierre et des prescriptions de la loi.

Simplicité comparative des deux systèmes.

La séparation est une chose si importante, et les moyens de l'obtenir forment une si grande portion de la discipline d'une prison, qu'ils influent sur tout le système et le rendent plus ou moins complexe.

Une machine doit être simple dans son principe, dans sa construction et dans ses mouvements; elle doit avoir de l'uniformité dans sa marche et dans sa force, et le plus de régularité possible, de manière à être peu sujette à se déranger et à pouvoir être surveillée par un homme d'une intelligence ordinaire. Une prison est une machine dont le succès dépend beaucoup de la simplicité des principes et des mouvements.

Un coup d'œil jeté sur les deux systèmes nous

montrera que celui de l'agrégation est plus confus dans son principe, plus compliqué dans ses opérations, plus sujet à dérangement et plus dépendant de l'intelligence et de la prudence des surveillants pour la régularité de ses mouvements.

Une des vues communes des deux systèmes est de prévenir toute communication et toute liaison entre les prisonniers. Dans le système de la séparation, les surveillants ont seulement à s'assurer que les prisonniers ne communiquent pas à travers les murailles : car, dans une prison bien tenue, il n'y a pas moyen de communiquer autrement, et même ce mode de communication est-il devenu à peu près, si ce n'est tout à fait impossible dans la prison modèle du système de séparation nouvellement construite à Londres. Jusqu'ici tout est simple et facile : le prisonnier essaye ou n'essaye pas de parler; s'il le fait, le surveillant fait son rapport, et le délinquant est puni; si le prisonnier n'essaye pas de parler, il est innocent sous ce rapport, et il n'y a rien de laissé à l'arbitraire du surveillant.

Dans le système de l'agrégation, les gardiens ont la même surveillance à exercer, peut-être même plus grande, pour empêcher les prisonniers de parler de cellule à cellule pendant la nuit et pendant les repas. Mais pendant le jour quelle différence! les prisonniers sortent de leurs cellules et se mettent en ligne, les uns touchant les autres, et pendant que le surveillant fait les commandements, ou regarde si la ligne est droite ou si tout le monde est présent, comment peut-il distinguer, au milieu du bruit des pas, s'il n'y a pas quelques chuchotements? ou, quand les condamnés sont dans les ateliers, occupés de leur ouvrage, au milieu du bruit des marteaux et des outils de tout genre, comment le surveillant peut-il s'apercevoir des conversations ou les prévenir? Les hommes sont très-rapprochés les uns des autres, et peuvent s'entendre sans être entendus des gardiens, et même dans l'atelier le mieux organisé et le moins bruyant, celui des tailleurs, où les hommes font face du même côté, le devoir du surveillant est incertain, indéfinissable et tel, que bien des personnes ne le comprennent pas de la même manière. Il est impossible d'empêcher ces hommes de regarder de côté, de tousser et se toucher l'un l'autre. Un surveillant fin et soupçonneux verra et entendra dans ces mouvements et dans ces accès de toux, des signes d'intelligence, tandis qu'un homme crédule et sot n'y verra rien que des regards et de la toux. Un gardien sévère punira sévèrement ce qu'un gardien indulgent laissera passer ou réprimandera avec douceur.

Il y a des occasions dans lesquelles les hommes doivent se lever; il y a des ouvrages qui demandent une certaine coopération, et supposez un gardien aussi intelligent et vigilant que vous voudrez, il y aura toujours quelque détenu plus vigilant et plus fin que lui, et il ne peut avec deux yeux surveiller constamment cinquante paires d'autres yeux.

Nous croyons donc que le mécanisme du système d'agrégation est plus complexe, et que son efficacité dépend davantage de l'intelligence et de la bonté, non-seulement du surintendant, mais de tous les employés, ou, comme le dit le premier rapport de notre Société des prisons : « Il est évident que la plus grande garantie que la société puisse avoir que la punition des coupables sera infligée d'une manière convenable, *doit résulter du caractère des hommes auxquels le gouvernement de la prison est confié.* » Le rapport ajoute : « Il y a des hommes qu'aucune loi ne pourrait empêcher d'infliger des punitions indiscrètes et sévères, si ce n'est même cruelles ; il y en a d'autres dont l'humanité est excessive et qui ne puniront jamais. On ne doit confier la direction d'un pénitencier et le droit de punir à aucune personne appartenant à ces deux classes. » Nous n'avons pas besoin d'autre autorité pour prouver la supériorité du système de séparation, quant à la simplicité de l'opération et la facilité de l'administration.

Il est toujours assez difficile de savoir comment un homme se tirera d'une position officielle avant de l'avoir occupée; et quand une fois il tient cette position, il est encore plus difficile de la lui retirer. Dans le système de séparation, on peut différer toute solution jusqu'à ce que le gardien et le prisonnier soient tous deux de sang-froid, car le prisonnier étant seul il ne peut pas faire grand mal, et le pouvoir d'infliger des châtiments corporels a été retiré aux officiers. Mais dans le système d'agrégation cela ne saurait être, notre rapport le dit : « Nous pensons qu'il n'y a pas de grands inconvénients à laisser dans certains cas aux gardiens le pouvoir de punir, et que la garantie contre ces inconvénients repose sur le caractère de l'officier auquel ce pouvoir est confié. » (Premier rapport de la Société des prisons de Massachussetts.)

Ainsi, dans le système de l'agrégation, la répression de toute violation du règlement doit être immédiate, à moins d'un changement complet dans le règlement intérieur. Ce pouvoir de répression doit être confié au directeur et à un officier; cette nécessité rend le choix des personnes difficile. Dans le système de séparation, au contraire, il y a à peine un délit dont la punition ne puisse être différée d'un jour, et même d'une semaine, et l'application de la peine peut être confiée à une personne plus haut placée et plus de sang-froid que le gardien témoin du délit.

Les directeurs de la prison de Sing-Sing, le juge

Edmonds, homme si impartial et si éclairé, à leur tête, disent : « il y a des détenus luttant sans cesse contre la faiblesse de leur nature, dont le repentir est aussi sincère que la faute est soudaine, qui manifestent de sincères intentions de pénitence et *qui sont cependant ceux qui reçoivent le plus souvent des coups de fouet.* (Rapport de 1834.) La commission insiste ensuite sur la supériorité des influences morales, sur celles du fouet, et ajoute : « cependant les inspecteurs ne peuvent avoir sur ce point un contrôle entier ; ils doivent nécessairement se reposer sur le gardien et sur ses aides auxquels appartient la surveillance journalière des condamnés. » (Même rapport.) Plus loin : « selon les inspecteurs, le meilleur gardien n'est pas celui qui punit le plus, mais bien celui qui, avec le moins de punitions, entretient le meilleur ordre. C'est une matière que la commission ne peut pas *réglementer,* parce qu'elle dépend *avant tout du caractère particulier des employés.* » (Rapport de 1844.)

Pourquoi, à l'heure qu'il est, malgré tant d'améliorations introduites dans le régime des prisons, après les terribles révélations d'abus qui se sont passés dans la prison de New-York les années précédentes, pourquoi entendons-nous parler de flagellations telles que des gardiens d'Auburn sont actuellement en jugement pour meurtre, tandis qu'à Charlestown on se sert si peu du fouet ? pourquoi, si ce n'est à cause de la différence du caractère des employés? Nous pensons donc que la première qualité requise d'une prison étant celle de simplicité du principe et celle de pouvoir être confiée à des hommes de moyens ordinaires, le système de séparation est, sur ce point, préférable à son rival.

Examinons le second point.

Quel est celui des deux systèmes qui fait appel au sens moral et à l'affection du prisonnier plutôt qu'à la peur et à l'égoïsme, et qui peut le mieux maintenir un sentiment de bienveillance entre lui et son gardien?

Nous pouvons, sous ce titre, considérer non-seulement les principes sur lesquels la prison est fondée, mais aussi l'administration intérieure en tant qu'elle dépend de ces principes, depuis le jour de l'arrivée du condamné jusqu'à celui de sa sortie.

Les écrivains de sens et les hommes pratiques s'accordent à dire que la prison doit donner au condamné les moyens de réflexion, d'examen de sa conduite passée et de repentir. Un des moments les plus critiques de la vie d'un condamné est celui où, disant un long adieu au monde, il franchit le sombre portail de la prison, entend le bruit de portes pesantes qui se referment, et se prépare à échanger le vêtement du citoyen contre celui si repoussant du crime et de la prison. Souvent, dans un moment pareil, vient la pensée de tout ce qu'il laisse derrière lui, le monde, ses amis, sa famille, cette liberté si douce, et d'un autre côté il voit un sombre avenir, des années de travail pendant le jour, de cellule la nuit, une chétive[1] nourriture, la maladie, peut-être la mort. Toutes ces pensées planent sur son esprit, déchirent son cœur, et alors il pleure comme un enfant.

Ce sont là de pénibles mais précieux moments dans lesquels un bon ange est près de lui, et sa nature adoucie peut être modelée à neuf. Dans une prison du système de séparation, cette crise peut être prolongée et de semblables pensées peuvent naître de nouveau dans la solitude et le silence de la cellule. Mais dans une prison du système d'agrégation, l'émotion n'est que passagère, car le prisonnier est bientôt conduit dans un atelier où des centaines d'hommes sont activement occupés, et l'orgueil lui dit de paraître brave à leurs yeux et de renfermer son émotion. Une tâche lui est assignée, toute son énergie est employée; de nouveaux objets passent continuellement devant ses yeux, son

[1] Le prisonnier peut *croire cela*, mais alors il se trompe. On peut dire que la nourriture des prisonniers aux États-Unis est presque luxueuse. Du pain blanc comme neige à discrétion, du café le matin, l'inévitable thé le soir, de la viande deux fois par jour; tel est leur ordinaire. (*Note du traducteur.*)

attention est absorbée tout le jour, et quand il retourne dans sa cellule, harassé de fatigue, il s'endort jusqu'à ce que la cloche du matin l'appelle à un nouveau jour de souffrance.

Ainsi il est évident que la discipline du système d'agrégation est moins favorable que l'autre aux habitudes de réflexion. Les partisans du premier système disent, il est vrai, que le prisonnier a des occasions de réfléchir pendant les premiers jours qu'il passe dans une cellule, pendant les longues heures sans travail qui s'écoulent entre le samedi soir et le lundi matin, et chaque nuit pendant les heures d'insomnie.

Pour les effets de trois jours de solitude, on peut répondre que de soudains accès de repentir, fruit de rudes souffrances, ne sont pas ce qu'on voudrait obtenir, car ils ne peuvent produire un changement radical. Quant aux réflexions du dimanche dans le système de séparation, le prisonnier a le même avantage sans éprouver l'inconvénient de voir ses bonnes résolutions ébranlées chaque jour par la société des malfaiteurs, et pour ce qui est des méditations nocturnes, il est au moins douteux que beaucoup s'y abandonnent, fatigués qu'ils sont par le travail; dans tous les cas, dans le système de séparation, le prisonnier peut méditer la nuit et le jour aussi.

Ce qui est nécessaire pour une réforme, c'est la

possibilité de réfléchir à chaque instant avec l'aide de la bonne compagnie et des bons exemples, sans mélange de l'influence des mauvais. Il est impossible au commun des mortels de résister à l'influence même silencieuse des gens avec lesquels on vit. Cela est vrai des mauvaises comme des bonnes influences. Des criminels réunis s'encouragent les uns les autres, même s'ils ne parlent pas; la vue seule d'une si grande masse de criminels comme eux les confirme et les endurcit dans leurs mauvaises pensées. Une pièce de sixpence tenue près de l'œil obscurcit le disque d'une planète éloignée; de même les deux ou trois cents condamnés placés devant l'œil de chaque détenu lui cachent le public qui est derrière, ou plutôt ils forment son public et il cherchera à conquérir leur approbation *en excellant dans les choses qu'ils admirent;* il évitera ce qui leur paraît ridicule, il mettra son âme en unisson avec la leur.

La tendance à imiter, et le désir d'exceller dans ce que les autres approuvent sont, en société, ce que l'attraction est dans les molécules de la matière. L'enfant met sa gloire à imiter les sons et les mouvements, le sauvage à l'emporter sur les autres hommes de sa tribu en force corporelle, le paysan à être le plus adroit de son village; l'apprenti politique s'enorgueillit des hourra et du vote de ses voisins, et dans un ordre plus élevé, un sentiment de même nature porte l'homme d'État à chercher les applaudissements du monde et la renommée chez les générations à venir.

Les habitants de nos prisons sont comme les enfants et les paysans; ils imitent seulement ceux qui sont près d'eux et ne voient l'opinion publique que dans la société qu'ils fréquentent. Cette société dans une prison du système d'agrégation est celle des autres condamnés; les officiers, le chapelain sont seulement trois ou quatre individus, les criminels sont le public; public rapproché de l'œil et qui empêche de voir le grand public derrière les murailles. Mais dans une prison du système de séparation, les seules personnes avec lesquelles le condamné entre en communication sont les officiers, les instituteurs et les visiteurs; et les principes auxquels nous venons de faire allusion le portent à les imiter et à rechercher leur approbation.

C'est une erreur de regarder les condamnés comme une classe à part, et une erreur plus grande de les traiter comme tels[1]. Il n'appartient pas à

[1] Nous ne pouvons ici, à notre grand regret, partager l'avis de l'auteur. Il appartient à l'*homme réuni en société de tracer cette ligne*. Il est bien évident que certaines fautes que la loi ne punit pas sont plus répréhensibles aux yeux de la morale que d'autres qu'elle punit; mais c'est aller trop loin que de dire que la limite entre le crime et la vertu est une ligne purement conventionnelle. (*Note du traducteur.*)

l'homme de tracer une ligne exacte entre les degrés de fautes, et bien des hommes que la loi déclare coupables sont moins mauvais que d'autres qu'elle absout. La classe des condamnés n'est pas une division naturelle qui ait des limites certaines, mais seulement conventionnelles.

Ainsi que la vertu le crime a ses degrés.

On peut toujours aspirer à monter plus haut, et il n'y a pas de criminel, si pervers qu'il soit, qui ne puisse tomber plus bas. Le condamné est toujours un homme et sujet, comme les autres, à ces influences du bien et du mal qui nous font ce que nous sommes. La société le prive de sa liberté, mais ne doit pas faire plus; il se baisse pour franchir le seuil de la prison, mais ensuite il a le droit de se redresser et de s'écrier : « Au nom de la justice, ne m'entourez pas d'associés pervers et d'influences pernicieuses; ne m'exposez pas à des tentations inutiles et à une dégradation plus grande. Au nom de l'humanité, aidez-moi à former de bonnes résolutions, éloignez de moi mes anciens associés, et donnez-moi la société de gens honnêtes. »

La prison ne doit pas être un endroit où le condamné fasse la connaissance de gens aussi coupables que lui-même, ni un pilori auquel il soit exposé aux regards du public; il doit trouver toujours un bras protecteur pour l'aider à traverser *cette vallée de larmes*.

Le système de séparation isole le condamné non-seulement du monde, mais aussi de l'influence des autres condamnés, il l'éloigne de la tentation et l'entoure de gens de bien.

Le système d'agrégation ne présente pas les mêmes avantages à son malheureux hôte; il doit marcher, s'asseoir, travailler avec les autres. Nous faisons un appel à toutes les personnes dont la sensibilité n'est pas émoussée par l'habitude, et nous leur demandons s'il n'est pas navrant de voir dans les cours des prisons ces longues files de condamnés, paradant, marchant à droite et à gauche en silence comme des bestiaux, prenant, suivant l'heure, ou leur vase de nuit ou celui qui contient leur pitance, rentrer dans leurs cellules à la voix du commandement; enfin traités absolument comme un caporal russe traite ces machines à boucherie qu'il appelle des soldats! Dans ces files serrées, il y a des gens de tout âge, de toute nature et de tous degrés de dégradation; l'adulte imberbe, novice, qui jette à la dérobée un regard timide sur les spectateurs, craignant d'y apercevoir un frère, une sœur ou un ami; sa main repose peut-être sur l'épaule d'un vieux pécheur qui lui fait des propositions infâmes; l'homme bien élevé, qui a commis un faux, se trouve *emboîter* le pas avec une pauvre brute à forme humaine, qui n'a eu d'autre instituteur que ses appétits déréglés.

Dans le système d'agrégation, ce qu'il y a de plus pénible pour le spectateur, ce qui est un de ses irrémédiables défauts, ce qui sera toujours un obstacle à la réformation des condamnés, c'est d'abord cette exhibition des hommes l'un à l'autre et aux étrangers, et secondement la nécessité de les traiter comme des machines inintelligentes. Cette discipline peut être fort bonne pour des enfants et pour des soldats qui s'y soumettent volontairement, et qui, d'ailleurs, en sont affranchis à certains moments; mais pour des hommes mûrs, pour des hommes que nous voulons réformer et dont la nature faible exige quelque exercice moral pour les relever, ce doit être humiliant et finir par éteindre tout sentiment de respect pour soi-même, ou par engendrer dans le cœur des prisonniers la haine de ceux qui les soumettent à un pareil exercice.

Nous savons qu'on dira que nous ne comprenons pas le condamné, que nous lui attribuons une sensation de honte qu'il n'éprouve pas, mais nous sommes sûrs non-seulement par la connaissance de la nature humaine, mais encore parce que nous avons eu l'occasion de voir beaucoup de condamnés, que *quelques-uns,* au début de leur détention, éprouvent un sentiment pénible de leur dégradation, qu'ils voudraient se dérober à tous les yeux, et ils finissent par se faire un front d'airain, et par être presque fiers de leur habit de prisonnier. Il est vrai que ces cas sont rares, mais s'il est de principe que mieux vaut laisser échapper cent criminels que de condamner un innocent, à plus forte raison faut-il adopter pour les prisons un système qui, sans faire tort à l'homme endurci dans le crime, respecte la pudeur du jeune condamné, chez lequel le sentiment de la honte vit encore, et lui évite la connaissance d'autres coupables qui lui feraient perdre ce sentiment de respect pour lui-même ainsi que tout espoir de réhabilitation.

Mais, nous dira-t-on, cette espèce d'exposition publique fait partie de la peine et entre dans les vues du système. Nous le savons, et c'est pour cela que nous protestons contre un moyen imprudent, inefficace, et qui s'oppose à toute réforme. Nous pensons que cette exposition, aggravée par l'obligation imposée aux hommes de porter un *uniforme* rendu grotesque à dessein pour leur imprimer le cachet de la servitude, est fondée sur la même erreur qui nous faisait autrefois envoyer les condamnés enchaînés travailler dans les rues, système abandonné aujourd'hui aux nations encore arriérées, comme dur, injuste et pernicieux.

Il est dur, parce que c'est une aggravation morale de la sentence légale. Il est injuste, parce que les prisonniers dont les dispositions sont les meilleures, sont ceux qui en souffrent le plus. En effet, le vieux condamné, celui qui a bu toute honte, endossera l'habit de la prison et le portera d'un air d'insultant triomphe, tandis que pour le timide novice, ce sera la chemise empoisonnée de Nessus qu'il ne pourra dépouiller qu'en dépouillant en même temps tout respect de lui-même et tout sentiment honnête. Cette exposition des prisonniers est pernicieuse parce qu'elle semble impliquer que la dégradation morale fait partie de la peine. C'est, il est vrai, l'opinion de bien des défenseurs du système, mais cette doctrine est irrationnelle, et ses effets sont dangereux. Le prisonnier *s'est dégradé lui-même* par ses crimes, et la peine ne doit pas tendre à le dégrader davantage, mais au contraire à l'élever et le purifier. Vouloir attacher nécessairement une dégradation à la peine, c'est une erreur fatale contraire à la volonté du Dieu de justice, qui ne veut pas *briser la racine déjà brisée*. On dit, il est vrai, que la dégradation produite par l'exposition est un moyen de détourner les autres du crime, mais nous n'avons pas le droit de faire le mal pour produire le bien, nous n'avons pas le droit de dégrader un homme pour en élever un autre; encore bien moins avons-nous celui de pervertir la nature morale d'un individu pour sauvegarder la fortune et les biens d'un autre.

Le châtiment comme conséquence du crime,

n'est pas dégradant par lui-même; assurément nous ne pouvons espérer qu'à l'exemple de Socrate, les criminels le regardent comme une chose à désirer plutôt qu'à éviter, mais nous tous qui avons une influence quelconque sur la distribution de la justice, nous devons envisager la matière avec autant de sagesse que cet illustre païen.

Avant que le public ou même le législateur s'occupe sérieusement de l'administration des prisons, et en comprenne toute l'importance, il faut qu'il se fasse un grave changement dans la société. L'aveu fait par les directeurs de la prison de Sing-Sing, dans leur rapport de 1844, peut s'appliquer à presque toutes les autres prisons du système d'agrégation : « L'un des objets d'un pénitencier, la répression, est bien atteint ici, l'autre tout aussi important, celui de la réforme, ne l'est pas. »

Nous jetons un coup d'œil d'intérêt sur l'ivrogne et le joueur repentants, et celui qui, revenant aux principes religieux, fait un aveu complet de toutes ses fautes, a droit à nos égards; mais le pauvre condamné, hôte infortuné d'une prison, devient un vrai paria à vie. Quand on réfléchit à la multitude de fautes qui ne sont pas du domaine de la justice, à la quantité de gens qui bravent impunément toutes les lois morales, on est étonné de voir la célérité avec laquelle la loi s'empare de ceux qui commettent un attentat à la propriété, et le petit nombre de criminels de ce genre qui échappent à sa vindicte. Il est peut-être bon que les neuf dixièmes de nos lois aient pour objet la protection de la propriété, et nous ne voudrions pas affaiblir la barrière de pierre et de fer par laquelle la société protége ses intérêts matériels.

Mais nous ne voudrions pas nous arrêter là : la prison devrait être sanctifiée par le but élevé qu'elle se proposerait, le salut des âmes; et toutes les règles devraient tendre à la réformation des prisons sans compromettre la sécurité; en un mot, il faudrait que la prison fût comme les hospices de fous, un lieu de guérison pour les hommes susceptibles de guérir, un dépôt sûr pour les incurables.

Inconvénient des travaux pénibles exigés dans les prisons du système d'agrégation.

Les mauvais effets des ateliers en commun sont encore aggravés par l'excès de travail imposé aux détenus pour prévenir autant que possible toute communication entre eux.

Combien de fois n'est-il pas arrivé que le malheureux condamné renfermé dans sa triste et étroite cellule, après un jour de travail si dur, a maudit en essuyant la sueur de son front la fatigue qui l'accable et qui ne profite qu'à un avare entrepreneur ou à un gouvernement plus sordide encore. Il déteste un travail imposé par la cruauté du fouet sans profit pour lui-même, et souvent il se persuadera que les cours, organes de l'État, lui ont infligé un long emprisonnement pour tirer un plus grand parti de son industrie.

Comparez la situation d'hommes menés ainsi par bandes au travail, exposés à la vue de tous les visiteurs, à la condition du prisonnier soumis au régime de la séparation, et renfermé dans une chambre aussi grande peut-être que celle qu'il occupait avant. Il a sous la main son métier ou son établi, il peut travailler tant qu'il veut, se reposer quand il est fatigué, laisser un outil pour prendre un livre; il sait que s'il fait plus qu'une journée ordinaire une petite gratification sera ajoutée à la somme déjà placée sous son nom et qui sera mise à sa disposition le jour où il sera rendu à la liberté. Un homme dans cette situation apprend à préférer le travail à l'oisiveté ; il prend l'habitude de l'occupation ; il voit dans l'ouvrage qu'on lui fournit une preuve de l'amitié de ses gardiens, et sentant que le gouvernement n'a aucun profit de son travail, il ne le suspecte pas de cupidité ou d'avidité [1].

[1] Dans quelques-unes de ces remarques nous avons parlé du système d'agrégation tel qu'il est administré; mais nous convenons volontiers qu'on pourrait l'améliorer dans son application. (*Note de l'auteur.*)

Exhibition des prisonniers dans le système d'agrégation.

Nous devons signaler ici à l'indignation publique une pratique commune à toutes les prisons du système d'agrégation : l'exhibition des prisonniers moyennant un droit. La prison du Massachussetts elle-même reçoit annuellement une somme de quinze cents dollars pour cette honteuse exhibition, à raison de vingt-cinq cens par visiteur [1].

C'est là un état de choses non-seulement inutile, mais nuisible à la réforme des prisons et honteux pour l'État. Nous savons que le principal objet n'est pas de faire de l'argent, et que de hautes autorités ont encouragé cette pratique, mais nous nous permettrons de la combattre. Il y a peu d'hommes assez façonnés au crime pour ne pas en rougir lors de leur premier jugement, et assurément plus d'un malheureux a béni le moment de sa condamnation, parce qu'il a espéré se débarrasser de la honte de la comparution en public, et

[1] Nous avons tout lieu de croire que cette mesure fiscale a été abolie dans la state-prison de Massachussetts; du moins ne nous a-t-il été rien réclamé; il est vrai que nous nous présentions avec une lettre de l'honorable M. Howe. Mais à Auburn la taxe subsiste, et l'on nous montra les prisonniers pour notre argent, absolument comme on montre les bêtes fauves sur un champ de foire. (*Note du traducteur.*)

pouvoir cacher sa tête et sa disgrâce dans la solitude de sa prison. Mais il est tristement détrompé quand il se voit obligé d'être, tout le long du jour, tête nue au milieu d'autres condamnés, exposé au regard scrutateur de milliers de spectateurs[1], et si jetant un regard dérobé, il rencontre celui d'une ancienne connaissance amenée par la curiosité de le voir dans sa disgrâce, — ou celui d'un complice plus effronté et plus heureux que lui, — ou bien celui d'un parent attendri; il ne doit pas se détourner à droite ou à gauche, il ne doit pas lever les mains pour cacher sa rougeur, ou essuyer ses yeux, car il est prisonnier de l'État, il est au pilori de l'État; les visiteurs ont payé le prix de l'exhibition et ont le droit de le voir de la tête aux pieds.

C'est une amère ironie que de prétendre que cette honte ne sera sentie que par le petit nombre; que l'immense majorité des condamnés ne s'en embarrassera guère; que même le plus grand nombre s'en amusera, car c'est le système d'exhibition lui-même qui a endurci leurs cœurs.

Et qu'on ne vienne pas nous dire que ce système est nécessaire pour servir d'exemple aux autres, car le contraire est prouvé par l'expérience. On soutenait bien autrefois que la tête et les membres

[1] Il y a eu au delà de six mille visiteurs, l'an dernier, à la prison du Massachussetts. (*Note de l'auteur.*)

des condamnés devaient être exposés sur les murailles des villes, que leurs ossements enchaînés devaient blanchir dans une voirie; que vivants on devait les exposer au pilori; que les exécutions capitales devaient être faites sur la place publique[1], le tout pour imprimer une terreur salutaire à la population. Dans les pays civilisés, les gouvernements ont renoncé graduellement, et assez à contre-cœur, à ces horreurs; mais vous, citoyens du Massachussetts, vous tenez encore à vos exhibitions de prisonniers, et vous avez foi à leur utilité comme nos pères croyaient à l'excellence du *cutty-stool*[2], du pilori ou du fouet. Quant à l'argument banal que cette exhibition est utile, parce que, sous les yeux du public, les officiers n'oseraient pas abuser de leur pouvoir, le meurtre commis dernièrement par les gardiens à Auburn prouve assez son inanité, et quand même il en serait autrement, le gouvernement n'a pas le droit, pour accomplir un

[1] On sait que, sous ce rapport, les États-Unis sont plus avancés que nous, et que les exécutions capitales s'y font dans l'intérieur des prisons. (*Note du traducteur.*)

[2] Le *cutty-stool* était une espèce de pilori situé dans la partie élevée d'une église où l'on mettait les gens coupables d'un délit assez commun de nos jours. Le patient était obligé d'assister à l'office dans cette position et de recevoir les admonitions qui lui étaient adressées par l'officiant. Il est permis de douter de l'édification produite par un pareil système, tant sur l'assistance que dans l'intérieur des familles. (*Note du traducteur.*)

devoir d'employer un moyen dégradant pour le prisonnier, s'il peut en employer un autre, même au prix d'une plus forte dépense. Il est certain que cette pratique d'exposer les prisonniers aux regards du public, bien qu'elle ne soit pas absolument inhérente au système d'agrégation, s'est tellement enracinée qu'elle a fini par en devenir partie intégrante.

Quelle différence dans le système de séparation ! Là, ce qui reste au condamné de honte, de remords, d'orgueil, si vous voulez, est soigneusement entretenu comme un élément de réforme. Quand il arrive à la prison, il est conduit à sa cellule, la tête couverte d'un capuchon afin qu'il ne puisse voir personne et n'être vu d'aucun prisonnier. On lui donne un numéro, son nom n'est plus prononcé et n'est peut-être pas connu du gardien. On lui donne à manger; quand l'oisiveté lui pèse, et quand il demande de l'ouvrage, on lui en donne. On lui fournit des livres, et plusieurs fois par jour il reçoit la visite d'un gardien, de l'instituteur ou du médecin. Mais il ne sort de sa cellule que pour aller dans son petit préau ou pour travailler seul dans le jardin, et quelle que soit la durée de sa captivité, pendant tout ce temps il ne voit pas une seule fois la figure d'un prisonnier. Le public est admis sans payer, mais il se promène seulement dans les corridors entre les cellules, et ne peut pénétrer dans celles-ci, à moins que le visiteur ne soit une personne connue, et même dans ce cas, le *prisonnier peut user de son droit et refuser la visite.*

Se trouvera-t-il quelqu'un pour soutenir que cela ne vaille pas mieux pour le criminel que notre système d'exhibition? N'a-t-il pas plus de chance d'échapper à la corruption? Ne préféreriez-vous pas ce système pour un fils ou un frère coupable, mais toujours cher à votre cœur? Et les détenus de Charlestown ne sont-ils pas nos frères? Pour l'effet produit sur le public, personne ne doutera que la séparation ne soit préférable; personne, excepté ceux qui croient encore à l'efficacité des exécutions publiques, et qui préfèrent voir pendre des condamnés sur la place plutôt que dans la cour de la prison.

Le système de séparation prévient toute communication entre les condamnés.

Le système de séparation a sur l'autre cet avantage immense et si évident qu'il est à peine nécessaire de le mentionner, qu'un prisonnier peut passer tout le temps de sa captivité, non-seulement sans être souillé[1] par le contact d'autres criminels, mais même sans les avoir jamais vus.

[1] Il y a certains termes d'*argot* qui, dans leur force et leur vérité, peuvent passer dans le langage ordinaire. Les hommes qui

Citons un fait parmi un millier d'autres. Le gardien-chef de la prison de Philadelphie reconnut un jour sur les quais six de ses anciens hôtes travaillant ensemble, et il s'assura qu'aucun d'eux n'avait connaissance de l'emprisonnement des autres.

Les condamnés eux-mêmes sentent les avantages de la séparation. Ceux avec lesquels nous avons causé, tout en désirant plus de société, reconnaissaient qu'il leur serait nuisible d'avoir celle de leurs co-détenus. Mais, nous diront les avocats du système opposé, comment accordez-vous cela avec ce que vous avez dit plus haut, que les prisonniers essayent de causer à travers les murailles? La réponse est facile, car les hommes font souvent des choses que la réflexion leur indique être contraire à leur intérêt.

La situation de ces libérés dont nous parlons plus haut n'est-elle pas cent fois préférable à celle d'un homme qui a subi sa sentence dans une prison du système d'agrégation, et qui est obligé de s'éloi-

vivent de moyens qu'on ne peut avouer, ont un de ces mots qui jette beaucoup de lumière sur la valeur réelle de la discipline d'une prison. Ils ont entre autres le mot *souillé* (spotted) pour désigner celui qui a été détenu dans une prison de l'État. Ils considèrent cette souillure comme un malheur, non pas tant à cause de la perte de la réputation que parce que les *non souillés* ont un grand avantage sur eux. Un voleur *souillé* devient plus facilement un instrument dans la main des autres que celui qui ne l'est pas. (*Note de l'auteur.*)

gner s'il veut mener une vie meilleure? Celui-ci cherche quelque village éloigné, essaye de gagner honnêtement sa vie et d'acquérir un nom sans tache; mais précisément au moment où il gagne l'estime des autres et se réhabilite dans la sienne propre, arrive un camarade de prison qui menace de dévoiler son passé; il fait payer son silence, s'éloigne, puis revient, comme un mauvais génie, persécuter de nouveau sa victime, et finit par la pousser dans le désespoir et le crime.

Qu'on ne croie pas que ce soit là une invention, c'est malheureusement souvent un fait, et les adversaires du système de séparation s'en emparent et disent que la comparution d'un accusé devant la cour de justice lui ôte toute possibilité de rester inconnu. Mais ce moyen d'attaque indique la violence et l'esprit de parti qui caractérisent la discussion entre les deux systèmes.

Comparons la position de deux jeunes gens arrêtés pour la première fois dans la carrière du crime, par les mains de la justice. L'un comparaît devant la cour, est condamné, et sa figure devient connue à cinquante ou cent personnes. Il est alors enfermé dans une prison cellulaire, et pendant dix ou douze ans il ne voit plus que ces gardiens et les hommes bienfaisants qui s'intéressent à lui. Il sort; son extérieur au moins est changé, et si le même changement s'est opéré dans son moral, il s'efforcera de cacher à ses propres yeux l'identité qui existe entre lui et l'individu condamné tant d'années auparavant. Il peut commencer une nouvelle vie, gagner la réputation d'un honnête homme, sans craindre de la voir ruiner par les reproches ou les tentations d'aucun compagnon d'infortune.

Un autre jeune homme est aussi jugé en audience publique et condamné à la détention dans une prison du système d'agrégation. Il a aussi à faire dix ou douze ans, mais il est exposé aux regards de milliers de visiteurs tous les ans; il est en compagnie avec cinq cents autres condamnés; la plupart le voyent tous les jours et connaissent si bien son extérieur que partout et sous tous les déguisements ils le reconnaîtront. Supposons que la durée moyenne des condamnations soit de quatre années; pendant les douze ans qu'il a subis, notre jeune homme aura été connu de quinze cents prisonniers. Ne parlons pas de la tendance naturelle et presque irrésistible qu'avait ce jeune homme à s'abandonner au désespoir, et à se regarder comme devant être un des leurs pour toujours; mais supposons qu'il résiste à ces funestes influences, et qu'il laisse la prison, déterminé à suivre les lois de la probité. N'y a-t-il pas bien des chances pour qu'il soit rencontré et molesté par les quinze cents mécréants qui l'ont connu en prison, et que leurs habitudes de vol et de vagabondage mènent sur tous les points du pays? N'est-ce pas une triste vérité que le crime a son esprit de prosélytisme, et que les criminels aiment à entraîner les autres, et surtout leurs anciens campagnons, pour les rabaisser à leur niveau? Notre jeune homme pourra-t-il leur échapper? Quand même il se réfugierait dans nos déserts de l'ouest, il craindrait d'allumer du feu dans sa chaumière de peur que la fumée n'attirât un de ces vautours rapaces qui le dépouilleraient de ce bien laborieusement acquis, ou de cette réputation plus chèrement acquise encore.

Nous savons bien que quelques défenseurs du système d'agrégation croient qu'il est avantageux au condamné d'être connu pour tel, et lui conseillent, lorsqu'il quitte la prison, de ne jamais cacher son histoire passée. C'est non-seulement soumettre le libéré à une épreuve sévère, mais c'est aussi attendre de lui un effort d'héroïsme dont peu de ses conseillers seraient capables. Ne peut-il pas se trouver quelque instituteur du dimanche qui ait commis, dans sa jeunesse, une peccadille, peut-être même quelque chose plus grave connu de Dieu seul et de lui-même, faute qu'il ne serait pas fâché d'oublier lui-même, et dont il espère le pardon de Dieu? Celui-là donne-t-il l'exemple de cet aveu qu'il prêche aux autres? S'il ne le fait pas, il n'est donc pas fidèle à ses principes. Il serait d'une plus sublime moralité sans doute de mépriser les préjugés du monde et de se mettre au-dessus de tout mystère; mais c'est une moralité que l'on prêcherait en vain à la plupart des prisonniers. Nous pourrions leur conseiller de s'ouvrir entièrement à des personnes disposées à avoir confiance en eux, confiance qui leur serait retirée si leur passé venait à être connu d'une autre manière; mais nous ne conseillerons jamais, surtout aux plus faibles d'entre eux, un aveu inutile de leurs fautes. Peut-être le temps viendra-t-il où la moralité des condamnés et la charité de la société seront assez avancées pour rendre cette franchise possible, mais nous ne croyons pas que ce temps soit venu, et en attendant, le prisonnier qui a subi sa peine dans une maison du système de séparation conserve l'avantage d'être inconnu des autres prisonniers, et de rester tel si cela lui convient.

Valeur comparative des métiers enseignés dans les deux systèmes.

Un moyen très-efficace de réformation du condamné est le métier qu'il apprend et les habitudes d'occupation qu'il contracte.

Il est évident que, dans les deux systèmes, il y a avantage pour le prisonnier à apprendre un métier; mais pour en tirer parti après sa libération il faut qu'il ait pris des habitudes de travail auxquelles il reste fidèle dans la suite. Or il y a entre les deux systèmes cette différence que dans l'un il est presque volontaire, dans l'autre il est obligatoire.

Ordinairement dans le système d'agrégation le condamné reste les premiers jours enfermé seul dans sa cellule, puis il est mené à l'atelier commun et obligé de travailler activement du matin au soir. Il ne peut rester dans sa cellule parce qu'elle n'est pas assez spacieuse pour le jour, et il ne peut, on le conçoit, rester inoccupé un seul moment dans l'atelier commun. Le travail obligatoire et assidu est même l'un des prétendus avantages du système. La discipline, la sécurité, l'économie obtenue par l'emploi d'un moindre nombre d'ouvriers, et enfin les sommes des profits de la prison, dépendent de la masse de travail obtenu, et c'est par son assiduité que le prisonnier gagne un peu d'argent et un peu de bienveillance de la part de ses gardiens. Dans le système de la séparation, le travail est ordinairement facultatif; le prisonnier peut travailler ou rester oisif; il peut laisser ses outils et prendre un livre; s'il reste sans rien faire il ne fait tort qu'à lui-même. Mais, à l'honneur du système, peu de jours après son entrée le prisonnier sollicite de l'ouvrage, et on n'a jamais de difficulté à obtenir qu'il s'occupe. A Philadelphie on accorde aux détenus une certaine somme quand ils font au delà de leur tâche; cette somme est portée à leur crédit, et leur est remise lors de leur libération. Si un homme lit trop et ne travaille pas assez, on lui retire ses livres, et c'est une punition; si après cela il reste encore dans l'oisiveté, l'officier, l'instituteur et les autres visiteurs peuvent le priver de leur compagnie : c'est habituellement suffisant pour lui faire désirer du travail.

Ainsi, si dans le système de séparation il devient nécessaire d'obliger au travail, cela peut se faire progressivement et par la privation de certains priviléges; tandis que, dans le système d'agrégation, il faut avoir recours à des moyens instantanés, et à des peines positives, car des hommes assemblés doivent nécessairement travailler, sans quoi ils causeront et comploteront inévitablement; tandis que les hommes renfermés seuls dans leurs cellules peuvent être laissés sans inconvénient dans l'oisiveté, jusqu'à ce qu'ils en soient fatigués.

Dans le système de séparation, les hommes ont donc chaque jour l'occasion de voir combien l'occupation est préférable à la paresse, et ils finissent par contracter l'habitude d'un travail volontaire. Dans le système de l'agrégation, au contraire, un homme ne désire le travail que pendant les premiers jours de sa réclusion solitaire, et quand il y est condamné par punition de quelque faute; tout le reste du temps, il sent qu'il est forcé au travail et y est d'autant moins disposé.

Quant à ce qui a rapport à l'amélioration des prisonniers par le travail, le système de séparation nous paraît donc fort supérieur à son rival. En comparant les autres effets moraux de la discipline dans les deux systèmes, nous considérerons : 1° quel est celui qui use de moins de contrainte sur les actions du prisonnier; qui emploie le moins de châtiments corporels et lui permet d'exercer le plus de contrôle sur ses actions; 2° quel est celui qui s'adapte le plus facilement aux divers caractères; 3° quel est celui qui peut établir de meilleures relations entre le condamné d'une part, le gardien et l'instituteur de l'autre.

Quel est celui des deux systèmes qui exerce le moins de contrainte sur les actions des prisonniers, etc.

C'est ici une considération très-importante; tout homme a une tendance naturelle à faire usage de son individualité et de son indépendance morale. Cette tendance se manifeste au sortir de l'enfance par un refus d'obéissance passive; elle devient chaque jour plus forte avec l'âge, et le jeune homme aspire de plus en plus à devenir un homme responsable de ses actions. Le désir physique de l'enfant de marcher sans lisières n'est pas plus fort que le désir moral de devenir indépendant, et l'une des plus grandes difficultés de l'éducation est de diriger cette propension naturelle. Si l'on permet à un enfant de marcher avant que ses os soient suffisamment forts, il courra le risque de devenir contrefait; si on le porte trop longtemps dans les bras, ses membres n'acquerront pas suffisamment de force. Il en est de même pour l'éducation morale: si on encourage trop tôt et trop ses idées d'indépendance, il prend de l'assurance avant d'avoir une raison assez forte pour se guider; si, au contraire, on le réprime trop et trop longtemps, la conséquence naturelle est une méfiance de lui-même poussée jusqu'à la faiblesse. Une juste mesure est d'autant plus difficile à saisir que le sentiment d'indépendance n'a pas la même force dans toutes les organisations, bien qu'elle existe dans toutes; de là vient la supériorité de l'éducation privée sur l'éducation publique; de là aussi la supériorité, sous ce rapport, d'une prison du système de séparation dans laquelle le traitement moral peut être adapté au caractère individuel, tandis que dans le système contraire on est obligé d'opérer sur des masses.

Quelle qu'ait été l'éducation première du prisonnier, nous trouvons toujours chez lui cette tendance à l'individualisme et ce désir de responsabilité personnelle dans tout leur développement; c'est encore une maxime ordinaire, qu'il faut briser cette *volonté de fer* et cet *esprit obstiné*, qu'il faut obtenir à tout prix une obéissance passive; mais pour atteindre ce but, les tentatives de vive force et de châtiment sont peu sages et obtiennent peu de succès. On arrive ainsi à détruire complétement le caractère d'homme, le sentiment sur lequel on pouvait s'appuyer pour obtenir une réformation salutaire, ou bien on excite la mélancolie, l'orgueil, la haine, la soif de vengeance, suivant la force et le caractère de l'individu.

On admire assez volontiers la stricte discipline, la précision de manœuvre, l'obéissance instantanée obtenues dans les prisons du système d'agrégation; mais nous croyons qu'un tel résultat n'est atteint qu'aux dépens des détenus, et améliore *plutôt la prison que le prisonnier*. Toute cette discipline, depuis le moment où les détenus paradent le matin devant leurs cellules, puis leurs marches et contre-marches de l'atelier à la chapelle, de la chapelle à l'atelier, etc.; toute cette régularité, jusques et y compris le moment où les prisonniers, rentrés dans leurs cellules, sont obligés de passer les mains à travers les grilles pour montrer qu'ils sont bien dans leurs cages; toutes ces *évolutions forcées d'hommes faits* détruisent l'esprit d'individualité, affaiblissent le restant de respect que tout homme se doit à lui-même, et changent un homme raisonnable en machine dépourvue d'intelligence. On doit se rappeler que les prisonniers sont des hommes faits, et que tous les détails de leurs évolutions, toute la discipline des ateliers est confiée à des employés subalternes qui doivent exiger une obéissance immédiate et complète. On peut ainsi humilier les esprits orgueilleux, radoucir les esprits entêtés et obtenir l'obéissance ; mais ce pouvoir, exercé par des hommes communs, étendra la même inflexibilité de règle à tous les condamnés, sans égard au caractère de chacun; on détruit ainsi beaucoup de bon, et on prive le prisonnier du très grand avantage qu'il aurait autrement, de travailler de son plein gré, d'avoir à veiller lui-même sur sa propre conduite et de s'élever dans sa propre estime. Dans le paragraphe suivant, nous allons examiner le genre de punition admis dans les deux systèmes, et nous montrerons que, dans ce pays du moins, il y a une immense différence entre eux.

Modes de punition employés et possibles dans les deux systèmes.

Nous n'avons l'intention d'établir une comparaison entre les travaux exécutés dans les différentes prisons, qu'autant que ces travaux dépendent essentiellement du principe des deux systèmes; cependant nous ne pouvons nous empêcher de rappeler que, pendant que depuis nombre d'années le fouet est inconnu dans les prisons de Pensylvanie, celles de New-York et presque toutes celles du système d'agrégation sont gouvernées par ce brutal intermédiaire. On sait qu'un cruel instrument de tortures était autrefois employé à Philadelphie; mais on sait aussi que depuis nombre d'années on a mis de côté tous ces moyens de répression, et que l'on n'emploie plus que les moyens de douceur, tandis que le fouet résonne toujours dans les prisons du système d'agrégation. Les baïonnettes proclament toujours le règne de la terreur à Sing-Sing, et le verdict du grand jury pour le meurtre commis à Auburn est toujours présent à notre esprit.

Ce ne sont malheureusement pas là des cas isolés; il n'est que trop constant que de cruelles flagellations sont une chose très-commune dans les prisons du système d'agrégation; les directeurs de la prison de Sing-Sing, dans leur rapport de 1844, admettent avec candeur que le seul moyen de répression applicable est le fouet. Nous pourrions faire frémir nos lecteurs en leur dépeignant la cruelle et dégoûtante discipline à laquelle sont soumis des milliers de nos malheureux frères dans les prisons du système d'agrégation.

Nous pourrions montrer d'après les rapports, les écrits et les déclarations des directeurs eux-mêmes, que le libre et fréquent usage du fouet est considéré comme essentiel à ces prisons. Nous pourrions montrer que, suivant les écrits du rapporteur de notre Société des prisons, il est indispensable de donner aux officiers la faculté de punir immédiatement, et nous pourrions prouver aussi par des faits la forte tendance que l'on a à abuser de ce pouvoir.

Nous n'en ferons rien; nous ne nous sentons pas disposé à aller aussi loin que beaucoup d'officiers des prisons du système d'agrégation, et à dire avec eux que l'emploi du fouet est nécessaire à leur administration; nous avons plus de confiance dans la force de la charité, et nous avons sous les yeux l'exemple de la prison de Charlestown; puis nous pensons que, dans la main d'hommes bienveillants, l'abus des punitions corporelles n'est pas à craindre.

Mais nous disons, et nous disons avec assurance, que dans un pénitencier rempli de condamnés tels que ceux qui se trouvent dans nos maisons de correction, on ne peut adopter le régime de l'agrégation sans adopter aussi le libre et fréquent usage de quelque punition corporelle, sous peine d'abandonner les grands avantages que les partisans du système lui attribuent. Si on nous oppose l'exemple de la prison de Charlestown, nous répondrons que précisément dans cette maison on a abandonné ce trait distinctif et le plus grand avantage du système de l'agrégation, et les directeurs en conviennent. En effet, quel est ce trait distinctif et quel est ce grand avantage? Notre troisième rapport (de la Société des prisons), voulant réfuter quelques objections élevées contre la nature de la prison d'Auburn, porte ces mots : « Le premier objet auquel on tend est de séparer le prisonnier de ses anciens associés, et ceux dont il y a quelque chose à attendre de ceux dont la réformation est désespérée. C'est ce qui est pratiqué dans les deux prisons (Auburn et Ghent), par la réclusion solitaire la nuit et un inviolable silence le jour. » Maintenant si ces termes de silence inviolable et de séparation doivent être pris dans leur sens littéral, c'est-à-dire que les hommes ne *parlent pas*, même alors ils ne peuvent être appliqués à la prison de Charlestown ; si on les prend dans leur sens ordinaire, si on entend par là que les hommes ne communiquent pas entre eux, même par signes, il est absurde de les appliquer à cette discipline. Nous avons le témoignage de nos sens, le témoignage de personnes qui ont visité les prisons plus souvent que nous, le témoignage de prisonniers eux-mêmes, pour nous prouver que non-seulement les hommes sont parfaitement familiers avec la figure et le caractère les uns des autres, mais aussi qu'ils communiquent personnellement et presque à toute heure.

Le directeur nous a dit lui-même qu'il considérait comme impossible de prévenir toute communication entre les hommes pendant qu'ils travaillent ensemble, et que, quand même il croirait pouvoir y parvenir, il ne regarderait pas la chose comme désirable. Nous disons donc que, dans la prison de Charlestown, le caractère distinctif et les avantages du système d'agrégation généralement regardés comme les plus considérables ont été abandonnés, et nous pensons que cet abandon tient à l'impossibilité reconnue d'atteindre le but proposé sans une sévérité de discipline et une fréquence de coups cruelles et incompatibles avec nos mœurs.

Ce n'est pas ici une critique que nous faisons du directeur actuel, loin de là; nous considérons l'état présent comme supérieur de beaucoup à ce que nous l'avons vu pendant douze années d'inspection. Nous croyons même que cette maison l'emporte à beaucoup d'égards sur la plupart des autres prisons du même système dans les États-Unis. Cette supériorité provient, selon nous, de la bonté du directeur pour le prisonnier, et cet esprit de douceur s'est répandu sur les gardiens et leur a gagné la confiance et l'affection des détenus. La discipline est un peu relâchée; mais si on peut continuer sans crainte de révolte, elle est bien préférable à celle d'Auburn, de Sing-Sing, et de toutes les autres prisons du pays, parce qu'elle fait appel à d'autres sentiments que celui de la crainte.

En rendant ainsi de nous-même hommage au

directeur de la prison de Charlestown, nous ne pouvons nous empêcher de regretter qu'il n'ait pas l'occasion d'exercer son habileté et sa bonté sur la réformation des prisonniers bien disposés, en les mettant à l'abri de l'influence des mauvais. Il y a dans cette prison des récidivistes qui y viennent pour la seconde, la troisième et même la quatrième fois, gens que l'on doit considérer comme incorrigibles, et l'on peut dire avec notre second rapport qu'il se trouve là des vétérans de crimes qui forment connaissance avec les jeunes détenus. « Naturellement ils communiquent avec empressement à leurs jeunes admirateurs leur déplorable histoire, et le poison se répand jusqu'aux extrémités de l'État. Beaucoup de ces hommes ont été associés à des faussaires, ils connaissent leurs noms, leur résidence, leur langage, le genre de leur commerce et le mode de leurs opérations. Ils peuvent présenter leurs jeunes pupiles, quand ils sortent de prison, à tout ce monde d'iniquité. Beaucoup d'hommes de la société sont engagés dans ce commerce illicite sans exciter aucun soupçon. Ils font leurs opérations sur une large échelle, et emploient des émissaires fidèles qui courent plus de risques que leurs commettants. »

Le rapport prouve ensuite, ce qui malheureusement est vrai, que plus de sept cents prisonniers dans les États de Maine, New-Hampshire, Vernon et Massachussetts, environ neuf cents dans celui de New-York et deux fois autant dans les États du Sud et de l'Ouest, étaient en continuelle communication avec des communautés où ils trouvaient des instituteurs parfaitement au courant de l'art de contrefaire les monnaies. Maintenant si cela était vrai en 1827, et si nous considérons à quel point les faux monnayeurs se sont accrus; si nous considérons que ces observations s'appliquent aussi aux voleurs et aux malfaiteurs de tous genres; si, disons-nous, tout cela est vrai, nous ne pouvons que répéter les vœux que nous formions, pour que nos excellents surveillants des prisons eussent le moyen de préserver les jeunes gens comparativement honnêtes, du contact des criminels de profession; autrement dit, nous désirerions qu'ils eussent la direction d'une prison du système de séparation[1].

[1] Nous ne parlons pas ici de la maison de correction de South-Boston, parce qu'elle ne contient pas des prisonniers aussi pervers que les prisons des États. Les peines à subir sont de courte durée, et par conséquent les tentatives d'insubordination moindres. La discipline, l'ordre et la propreté de cette prison sont à la hauteur des meilleurs établissements de ce genre. Mais on ne peut y appliquer des modes de réformation aussi parfaits que ceux des prisons du régime séparé. L'assertion souvent reproduite que cette maison est dirigée depuis des années sans l'emploi de peines corporelles, est inexacte. Jusque dans ces derniers temps on avait recouru à la douche comme moyen de punition, et la secousse

Laissons cette digression et revenons à notre sujet : aux punitions intérieures. Tout le monde convient que les châtiments du système d'agrégation sont généralement très-sévères, quelquefois cruels, tandis que ceux du système de séparation sont comparativement légers. Il est clair, d'après la nature même des choses, qu'un homme enfermé seul dans une cellule est moins porté à la révolte que celui qui se trouve en compagnie avec des centaines d'autres criminels. Il est évident qu'on peut raisonner avec lui, différer le châtiment, lui faire grâce s'il se repent; tandis que, dans le système de l'agrégation, l'insubordination ou la violation de la règle doit être punie immédiatement, sans laisser au condamné ni aux gardiens le temps de reprendre leur sang-froid.

Il semble donc manifeste que, dans le système de séparation, il est moins nécessaire d'employer la contrainte; que l'on peut éviter plus facilement les punitions corporelles et laisser au prisonnier un peu plus de liberté d'esprit. Nous ne disons pas que le pénitencier de Philadelphie donne assez

était si forte qu'on la craignait plus que le fouet. Nous ne pensons pas que ce châtiment ait tous les effets pernicieux qu'on lui a attribués; nous croyons même que sa suppression a été décidée plutôt par respect pour l'opinion publique que pour ses inconvénients réels; mais encore est-il vrai que c'était une peine corporelle fort dure. (*Note de l'auteur.*)

de cette liberté d'esprit au prisonnier, ou développe chez lui le sens moral, de manière à le mettre au-dessus de toute tentation lors de sa libération, car nous ne croyons pas qu'aucune prison dans le monde ait cette vertu. Mais voici la grande question, question qui jusqu'ici est restée sans solution : comment peut-on, sans compromettre la sûreté de la prison, accorder au prisonnier une liberté d'action assez grande pour lui donner une force d'individualité qui lui permette de résister aux tentations très-grandes qui viendront l'assaillir à sa sortie de prison? L'expérience nous dit que souvent le prisonnier forme de sincères résolutions, prend des sentiments de vraie religion pendant qu'il est soumis au régime austère de la prison, pendant que sa moralité n'est soumise à aucune tentation; mais qu'au moment où il sort ses sens sont excités par le changement de régime, la boisson, la mauvaise compagnie, et trop souvent alors il abandonne cette naissante moralité, cette religion d'emprunt, et retourne à ses anciens penchants.

Mais la solution de cette grande question n'est pas le but de cet écrit; nous avons seulement à comparer les deux systèmes en présence, et nous sommes obligé de dire que, bien que le système de la séparation laisse à désirer sur ce point, il donne au condamné beaucoup plus d'occasions d'exercer son libre arbitre et de former de bonnes résolutions que ne le fait son rival.

Quel est celui des deux systèmes qui peut s'adapter le mieux aux divers caractères des prisonniers.

C'est ici une question importante, et nous l'examinerons sur deux points divers, celui du bien-être physique des prisonniers, et celui de sa nature morale et religieuse.

Le système d'agrégation traite les prisonniers en masse, le système de séparation les traite individuellement. Le travail est bon pour tout le monde, mais il n'y a pas deux personnes qui en éprouvent le besoin au même degré. Tel individu peut travailler sans interruption pendant douze heures, tel autre seulement pendant huit. L'un peut s'occuper de travaux pénibles du matin au soir, l'autre ne peut faire que des travaux faciles. L'un peut donner toute son attention au travail, l'autre aura l'esprit trop léger pour ne pas s'en laisser détourner.

Dans le système de séparation, on peut permettre à chacun de travailler plus ou moins longtemps avec plus ou moins de sévérité, exiger de chacun plus ou moins d'application suivant ses dispositions. Dans le système d'agrégation, tous doivent aller à l'atelier ensemble, travailler toute la journée sans se laisser distraire de leurs occupations. Il n'y a pas à s'en départir, sous peine de se départir de tout ce système; on ne peut envoyer les hommes fatigués dans leurs cellules, car elles sont construites seulement pour la nuit, et la discipline de la prison est arrangée pour qu'elles ne soient jamais occupées le jour.

Quel est le système qui s'applique le mieux au caractère de chaque prisonnier, sous le rapport moral et religieux.

Dans le système d'agrégation, les moyens directs d'influence religieuse sur les prisonniers sont les habitudes de sobriété et de travail, les prières du matin et du soir, les services du dimanche dans la chapelle, la lecture de la Bible et d'autres bons livres; tous ces moyens, à l'exception du dernier, ne peuvent agir que sur la masse et non sur les individus en s'appropriant au caractère de chacun. Le système de séparation les traite, au contraire, individuellement, et donne la facilité d'adresser à chacun les avis les mieux adaptés à son esprit et à son caractère.

Le travail et la dépense de l'instruction morale et religieuse dans le système de séparation sont bien plus grands que dans l'autre, mais aussi ils sont bien plus efficaces. Un instituteur moral et religieux peut faire davantage dans une entrevue de dix minutes avec un prisonnier dont il a su gagner la confiance, que par une heure de prédication publique, surtout si le criminel sent, ainsi qu'il y est assez disposé dans une assemblée pareille, qu'il n'est pas, à tout prendre, plus mauvais que son voisin.

On a beaucoup vanté l'avantage que présente le système d'agrégation d'avoir une chapelle pour les offices du dimanche, pendant que dans le système de séparation il ne saurait y en avoir. Cela n'est pas tout à fait exact : la prison nouvelle de Pentonville a une chapelle dans laquelle les prisonniers s'assemblent, mais l'ordonnance du bâtiment est telle qu'au moyen de stalles ingénieusement arrangées, chaque personne ne peut voir que le chapelain; dans le pénitentier de Philadelphie, il y a un sermon tous les dimanches dans l'un des corridors, et au moyen de quelques dépenses, cette disposition pourrait s'étendre à tous les autres. Sur ce point comme sur beaucoup d'autres, le système d'agrégation n'a donc que l'avantage d'une économie de travail, en opérant sur les masses au lieu d'opérer sur les individus.

En second lieu, on a estimé beaucoup trop haut les avantages réels de la prière en commun. Son utilité, quant à ce qui est des hommes faits, dépend beaucoup de la spontanéité qui les mène dans la chapelle. Les ordres sont toujours désagréables même quand ils obligent à faire une chose que l'on eût fait volontiers et de son plein gré. Un homme forcé d'aller à la chapelle est très-incliné à croire qu'on le force à accepter les vérités qu'on lui prêche.

Nous dirons donc que nous préférons le mode de prières adopté dans le système de la séparation au mode *obligatoire* des prisons de l'autre système; car ici les hommes sont menés à la chapelle en ordre militaire, au commandement des gardiens, sans que leur volonté soit le moins du monde consultée. Dans le système de séparation, au contraire, le prédicateur commence son sermon à un bout du corridor, et les prisonniers sont libres d'approcher de leurs portes pour écouter, ou de se tenir éloignés et de se livrer à la lecture. Ils peuvent à leur volonté se joindre aux exercices religieux; ils exercent en cela leur libre arbitre, et on est heureux de voir que, presque toujours, ils écoutent très-attentivement, et lorsque l'hymne de louange est entonnée à un bout du corridor, presque tous s'y unissent; il est vraiment touchant d'entendre sortir de la plupart des cellules une *musique volontaire* chantée par des choristes invisibles.

Est-il raisonnable de croire que la vue d'autres criminels suffirait pour augmenter le sentiment pieux de ces pauvres ermites [1], et le système d'a-

[1] Non; mais il semble que le ministre qui ne voit pas s'il ne

grégation possède-t-il un autre avantage? Osera-t-on mettre en avant le misérable prétexte d'économie? Économiser le pain de vie! Économiser les paroles de consolation et de joie! Supposons qu'on eût besoin de six prédicateurs, ne les trouverait-on pas à Boston? Si les ministres ne pouvaient quitter leurs ouailles pour aller instruire de malheureux prisonniers, les laïques le feraient, et à défaut d'hommes on trouverait des femmes dont la charité douce et bienveillante est toujours prête à remplacer les hommes qui font défaut à ce premier des sentiments chrétiens. Un jour, nous étions à causer avec un condamné à Philadelphie, nous entendons le son éloigné d'une harpe éolienne; le son se rapprocha, prit plus de développement, et accompagna les magnifiques paroles du XXIIIe psaume, et l'air parut bientôt rempli par la musique religieuse d'un esprit invisible, et quand elle fut terminée, ce prisonnier me dit en levant la tête : « C'est mademoiselle Dix. » J'ai rarement entendu une musique qui ait fait vibrer au même degré toutes les fibres de mon cœur.

Nous ne voulons pas nier les bons effets du culte public, tel qu'il est professé dans les prisons du ré-

prêche pas dans le désert, qui ne voit pas les figures des assistants, qui ne peut saisir aucune espèce de sympathie dans son invisible auditoire (s'il en a un), doit être bien froid, bien emprunté! (*Note du traducteur.*)

gime de l'agrégation, car nous avons été souvent témoins, dans ces chapelles, d'une attention et d'un recueillement au moins apparent qui auraient été un sujet d'édification pour la plus pieuse congrégation. Nous savons aussi que dès que le prédicateur s'est créé un auditoire bienveillant, il se forme une secrète action de sympathie, et la piété comme la panique peut être augmentée par ceux qui la partagent. Mais il n'y a qu'un prédicateur de beaucoup de talent qui puisse exercer une pareille influence, et encore ces effets ne seront-ils que momentanés; les moments d'excitation sont rares, ils seront toujours courts, et ils agiront bien plus souvent dans un sens contraire au sentiment du remords et de la pénitence. Bien des avis qui iraient directement à la conscience et au cœur d'un homme seul, lui représenteraient l'énormité de son crime et la nécessité de la pénitence, sont perdus parce qu'il regarde autour de lui, qu'il voit l'auditoire, et qu'il le voit composé de criminels comme lui, il les regarde même comme plus coupables, car il ne trouve pas pour eux les mêmes excuses que pour lui-même.

La description des tourments de l'enfer, qui produit ordinairement peu d'effets sur la foule, porterait la terreur et le désespoir dans les cœurs si l'énormité des fautes n'était diminuée aux yeux de chacun, par la conscience que ses voisins sont à peu près dans le même cas, et participeront à un même avenir. N'y aurait-il pas plus de chance de repentir et de meilleure conduite si l'on se sentait complétement séparé de ses compagnons de faute, et voué à une part d'enfer complétement solitaire?

Nous ne voulons pas par-là dire qu'il faille insister même près des condamnés sur cette espèce de sentiment[1], mais nous soutenons que ces observations rentrent dans notre sujet. Il est certain que ce sentiment de sympathie et de communauté de fautes, chez les condamnés, est un des plus grands obstacles de la réforme des prisons du système d'agrégation, obstacle que l'autre système évite presque entièrement. Nous savons bien que les partisans du système d'agrégation le nient, mais nous appelons avec confiance de cette dénégation à tous ceux qui ont fait une étude philosophique de l'âme. On dit que, dans le régime de la séparation, les détenus *savent* qu'ils ont dans la même prison des

[1] Nous pensons que M. Howe fait ici trop facilement l'abandon de ses sentiments religieux. Nous ne croyons pas, quant à nous, qu'il suffise en fait d'instruction religieuse, *même* pour des prisonniers, de leur faire de la musique et de leur chanter des psaumes. Nous croyons, au contraire, que dans les prisons comme dans les écoles, comme dans tous les lieux destinés à l'instruction, il faut *prêcher* la vérité tout entière, et insister particulièrement sur la plus grande, la plus morale de toutes, celle de l'immortalité de l'âme et de la juste distribution des peines et des récompenses dans la vie qui doit suivre celle-ci. (*Note du traducteur.*)

centaines de compagnons d'infortune, et que l'effet de la sympathie et de la communauté de crimes sera le même; mais cette allégation est contraire à la philosophie et au sens commun. Peu de personnes, et surtout de la classe d'hommes qui fournit le plus de criminels, peuvent se mettre en communauté de sympathie avec d'autres sans le secours des sens, c'est-à-dire sans se voir et sans se parler. Qui est plus isolé que l'ermite habitant une grande cité, bien qu'il vive dans une maison où sont d'autres êtres humains, et quoiqu'il ne soit peut-être séparé des joies du monde que par un mur de huit pouces d'épaisseur?

Nous n'insisterons pas sur un point si clair, mais pendant que nous sommes sur ce sujet nous recommandons fortement aux amis des prisonniers un avantage du système de séparation plus utile à la réformation des détenus que les sermons hebdomadaires et les prières de chaque jour à la chapelle; nous voulons parler de la fréquente communication des prisonniers avec les gardiens et les maîtres ouvriers qui peuvent être des hommes bons, intelligents et religieux.

C'est en vérité un particulier et immense avantage du système de séparation que la facilité d'inculquer des instructions morales et religieuses au détenu, suivant sa nature particulière, et non pas par des attaques directes à ses fautes, non pas par des sermons et des discours en forme, mais par la conversation naturelle et ordinaire de chaque jour, et cela peut s'accomplir non pas seulement par l'influence des gardiens et des maîtres ouvriers, mais aussi par celle des visiteurs. On ne peut obtenir cet avantage dans les prisons soumises au régime de l'agrégation; la règle des ateliers est le silence, et les gardiens ainsi que les maîtres ouvriers ne profèrent que les paroles nécessaires au travail; il n'y a pas de communication générale, et si on permet à un détenu de sortir pour s'entretenir avec un gardien ou avec un visiteur, cela ressemble trop à un sermon prémédité, et l'effet possible est perdu.

Cette différence est encore plus apparente pour celui qui dépouillera toute espèce de préjugés, ainsi que nous allons tâcher de le prouver dans le paragraphe suivant.

Le système de séparation est plus sociable dans sa nature, particulièrement par les résultats intellectuels et moraux, que le système d'agrégation.

Il n'y a jamais eu de nom plus mal appliqué que celui de *solitaire* attribué au régime de la séparation, et l'erreur créée par ce mot entretient d'injustes préjugés, ainsi que le reconnaissent nos adversaires eux-mêmes.

Qu'est-ce qui constitue des êtres en société? Est-ce de dormir la nuit, ensevelis dans des cellules aussi serrées que celles des jeunes abeilles et tout aussi séparées? Est-ce de marcher ensemble en silence pour aller à la prière? Mais alors les ascétiques solitaires de la Trappe étaient plus sociables que ne le sont les prisonniers d'Auburn, car au moins une fois le jour leur était-il permis de rompre le silence pour se dire: *Frère, il faut mourir*. Mais alors le sourd-muet sans éducation est plus en société que le prisonnier d'Auburn auquel il est interdit de reconnaître ou de saluer du regard son camarade de prison, tandis que le pauvre sourd-muet peut exprimer sur sa figure ce que son cœur ressent.

Non, ce n'est pas la vue, mais la parole, qui est l'organe des communications sociales, et un homme, eût-il les cent yeux d'Argus, il vaudrait mieux pour lui les perdre tous que de perdre l'ouïe, si le but principal de sa vie est une communication intime avec ses semblables.

Dans une prison du système d'agrégation, il y a juste assez de société entre les prisonniers pour assurer la communauté de fautes et de punitions, et pas assez pour aucun but moral. Le peu de société qu'on leur assure entre eux ne tend pas à leur amélioration, mais à obtenir la réalisation de quelques économies par le travail en commun, et à prévenir l'insanité.

Dans les discussions publiques, les avocats du système d'agrégation n'ont pas sous ce rapport présenté les choses sous leur véritable point de vue, et ils ont voulu se faire un mérite d'arrangements indispensables. La vie commune est un inconvénient et un mal pour les condamnés. Nous le répétons, le travail en commun ne peut avoir pour objet que d'éviter des cas de folie causée par la solitude, et d'éviter la dépense d'ateliers séparés; pourquoi vouloir donc présenter cette réunion comme un avantage? On réclame pour cette communauté de travail les bons effets qu'en ressentirait le criminel si ses compagnons étaient tous des gens de bien[1]. Mais si cette réunion de criminels

[1] Il nous paraît douteux que les condamnés puissent tirer aucun avantage du travail en commun avec des ouvriers honnêtes; mais nous sommes certain que cette association est pernicieuse pour ces mêmes ouvriers honnêtes. Nous avons visité plusieurs fois le bagne de Toulon, et rien ne nous a paru aussi révoltant, aussi immoral que le travail en commun dans l'arsenal, des forçats et d'honnêtes pères de famille. Il est honteux que, dans le siècle où nous vivons, un pareil amalgame soit autorisé, et c'est peut-être sur ce point qu'une réforme est plus urgente et plus nécessaire. Il faut bien qu'on le sache, la seule différence entre le forçat et l'homme libre, à Toulon, est que le premier a une chaîne ou quelquefois seulement un simulacre de chaîne au pied, et que le père de famille travaille beaucoup plus que son camarade. Quelle idée de moralité cet homme rapporte-t-il le soir au foyer domestique? Nous le répétons, un pareil état de choses est honteux pour notre civilisation, et il est urgent d'y remédier. (*Note du traducteur.*)

est bonne en elle-même, pourquoi tient-on tant à la borner à la communication des yeux et à réprimer tout signe d'intelligence, tout échange de mots? Pourquoi ne pas laisser la seule communication qui puisse causer des impressions morales et religieuses, celle de la parole?

La réponse est fort simple : cette communication entre gens corrompus est mauvaise; il ne faut en accorder que juste assez pour prévenir des maux plus grands, et le seul échange que ces hommes aient entre eux par signes ou paroles, devient pernicieux parce qu'il se fait à la dérobée et en violation de la règle.

Ainsi, nous le voyons, le système d'agrégation s'oppose à toute communication entre les condamnés et ne leur cherche pas d'autre société, puisque la nuit ils sont renfermés dans d'étroites cellules. D'un autre côté, le système de séparation ne réprime pas les tendances de sociabilité, il encourage les prisonniers à causer; seulement il s'oppose à ce que ces communications aient lieu avec des gens corrompus; il encourage les prisonniers à la confiance et à l'affection, mais il n'introduit dans leurs chambres que des gens qui puissent exercer sur eux une influence favorable.

Ceci nous conduit à une autre considération très-importante.

Influence morale des visiteurs sur la réformation des prisonniers.

Nous avons souvent visité des prisons des deux systèmes, et nous en appelons au témoignage de ceux qui en ont fait autant, pour nous dire si leurs visites aux détenus du système de séparation n'étaient pas réellement plus sociales que celles faites aux détenus du système d'agrégation.

Dans les prisons soumises à ce régime, le visiteur voit les prisonniers à l'ouvrage par centaines, mais il voit seulement leur personne extérieure; il ne peut pas leur parler, pas même leur faire ce signe de courtoisie qu'un homme aime toujours à échanger avec un autre homme, il ne peut leur faire un signe d'intelligence et de sympathie, car pas de communication : c'est la loi de la prison. Dans le système de séparation, au contraire, quand un homme connu se présente, il peut être admis chez tous les détenus qui consentent à le recevoir, et sans effort apparent leur porter encouragement et consolation. Nous disons *sans effort apparent*, et c'est là un point essentiel, car alors d'honnêtes gens, quand même ils seraient des ivrognes ou des condamnés convertis, peuvent devenir d'utiles instruments de réformation pour le prisonnier.

Un peu de réflexion montrera que dans le système

de séparation les visiteurs s'intéresseront plus facilement au sort des prisonniers, et qu'il sera bien plus facile de former une association régulière pour visiter les prisons et porter aux détenus des instructions morales et religieuses dans le système de séparation que dans son rival.

Ce n'est pas là de l'imagination, c'est une observation qui concorde parfaitement avec les principes du cœur humain. L'intérêt du visiteur ne s'attachera pas aussi facilement à un prisonnier quand il en verra une masse réunie, que par l'observation particulière et intime d'un ou deux détenus qu'il visitera dans leurs cellules. La pitié pour les masses n'est qu'un sentiment vague qui n'engendre qu'une sensation pénible pour le visiteur témoin de trop de souffrances pour avoir l'espoir de les soulager; tandis que s'il se trouve en tête à tête avec un individu, il peut espérer lui être utile.

Quand Sterne voulut se faire une idée des misères de l'emprisonnement, il commença par penser à tous ceux qui gémissaient sous les verroux. « Mais, dit-il, trouvant que la peinture, toute touchante qu'elle était, ne se rapprochait pas assez de mes yeux, et que la multitude des patients ne faisait que m'égarer, j'en pris un seul, et, après l'avoir enfermé dans un donjon, je fis son portrait à travers la grille et par un clair de lune. »

Ces considérations ne sont pas sans portée quand

on se souvient que l'un des meilleurs moyens de parvenir à la réforme des prisonniers est la fréquence des visites non officielles faites par des personnes du voisinage, qui peuvent venir, souvent et régulièrement, causer avec les prisonniers. Ces visites auront, dans bien des cas, plus d'utilité et d'efficacité que les visites officielles et même que celles du chapelain. Il y a quelquefois une influence mystérieuse, mais certaine, une sympathie entre individus qui portent à l'attachement réciproque, indépendamment des facultés intellectuelles et même de la moralité. Le pouvoir d'inspirer de la confiance et de former une liaison ne se délivre pas, comme un titre, à telle ou telle classe de personnes. Un visiteur peut entrer dans une douzaine de cellules avant de rencontrer le prisonnier qui lui inspirera un intérêt spécial, et peut-être en entrant dans la cellule voisine s'écriera-t-il : En voici un qui me plaît; je vois que je pourrai l'aimer, que je pourrai le comprendre, et il me comprendra aussi. De son côté, le prisonnier peut sentir une attraction du même genre, et être disposé à ouvrir ce malheureux cœur qu'il a tenu obstinément fermé à tous les appels, même de l'aumônier.

On pourrait dire qu'on arriverait au même but dans une prison du système d'agrégation, en permettant au prisonnier de quitter l'atelier pour aller recevoir son visiteur dans une pièce particulière;

mais ne voit-on pas que les préparatifs d'une telle entrevue suffisent pour en détruire tout l'effet? Il y a chez certains hommes une perversité naturelle qui les mène à suspecter toute tentative apparente de réformation, et les porte à la résistance. Mais la visite dans une prison du système de séparation vient tout naturellement; l'homme est dans sa chambre; la conversation peut prendre le cours qui lui convient, et si le visiteur prolonge son séjour, son hôte en est flatté. Ce n'est pas là une simple théorie : beaucoup d'entre nous (de la société des prisons) ont visité maintes et maintes fois des maisons du système d'agrégation sans avoir l'occasion de connaître particulièrement un seul détenu, tandis que dans une heure de visite, dans une prison du système de séparation, nous avons posé les bases d'un intérêt amical qui durera toujours.

Parmi les personnes qui visitent les prisons, l'une prendra intérêt à un prisonnier et l'autre à un autre. Les visiteurs peuvent venir à l'heure la plus commode pour eux : car ils ne causent aucun désordre dans la règle de la maison. Ces visites sont un secours utile à l'aumônier; elles peuvent même devenir plus importantes que la sienne propre : car s'il n'est pas un homme d'un talent tout à fait hors ligne, il aura toujours à combattre le préjugé existant dans le cœur de tous les prisonniers contre un agent *pâyé* pour les prêcher plutôt qu'agissant par un sentiment de devoir et de charité.

Telles sont les considérations qui nous ont porté à donner la préférence au système de séparation sur celui d'agrégation. Peut-être pourra-t-on nous objecter que ce qui est préférable en théorie est souvent inférieur dans la pratique. Examinons donc les principales objections élevées contre le système de séparation.

Quel est le système le plus favorable à la santé des prisonniers.

Les prisonniers sont le plus souvent dans la force de l'âge et de la santé; quand celle-ci est ébranlée, la maladie vient de causes physiques ou morales, ou de toutes deux combinées. Supposons que dans les deux systèmes de prisons, le détenu soit également propre, également nourri et habillé, et livré à des travaux d'une nature également salubre, quelles peuvent être les différences physiques?

Dans le système d'agrégation, le prisonnier passe la nuit dans une cellule très-étroite, et le jour dans des ateliers fermés. Il traverse plusieurs fois la cour, et peut ainsi respirer l'air libre pendant environ une heure. Le détenu, dans le système de séparation, passe les vingt-quatre heures dans une cellule comparativement grande; il a une petite cour adjacente dans laquelle il peut passer une partie de son temps, et il y a des jardins où on lui permet de se promener autant qu'il est nécessaire à sa santé. Avec les nouveaux systèmes de ventilation, l'air peut être et est en effet aussi pur que dans les ateliers qui réunissent tant de monde. Et même, d'après nos calculs, les prisonniers de Philadelphie ont plus de pieds cubes d'air respirable que ceux de Charlestown; mais cette comparaison est indifférente pour le principe : nous supposons la ventilation égale et complète dans les deux systèmes[1].

Les conditions physiques sont donc les mêmes; voyons maintenant pour les conditions mentales. Les prisonniers, dans le système d'agrégation, ont un peu moins de monotonie dans leurs occupations quotidiennes; ils vont de leurs cellules à l'atelier, et leur attention est distraite par le changement de scène et d'objets; mais si l'on parvient à

[1] Nous différons à regret d'opinion avec M. Howe, sur ce point. La ventilation des cellules dans le système d'agrégation est bien plus complète qu'elle ne peut être dans le système de séparation, car n'étant pas occupées le jour, les cellules restent ouvertes, et le prisonnier trouve un air complétement frais quand il y entre. Il est donc certain que, pour la nuit, les cellules du système d'agrégation contiennent un air plus pur que les autres. (*Note du traducteur.*)

étendre à tous les prisonniers de Philadelphie le bienfait accordé à quelques-uns de travailler chaque jour dans le jardin, et si l'on applique la même amélioration à toutes les maisons du système de séparation, la balance sera grandement en faveur de celui-ci. On dira que les détenus, dans le système d'agrégation, éprouvent une espèce de satisfaction et d'excitation sociale en marchant et en travaillant ensemble : c'est vrai; mais on doit se rappeler que ce n'est qu'en sacrifiant le principe de la non-communication des prisonniers entre eux, principe qui est la base de tout le système.

Nous avons vu que, dans le système de la séparation, rien ne s'oppose à ce que les prisonniers aient, avec d'honnêtes gens, toutes les communications nécessaires à leur santé mentale. S'il est donc vrai, comme on le prétend, que, dans les prisons américaines soumises à ce régime, il y a plus de cas de mortalité et de démence que dans les prisons du système d'Auburn, ce doit être la faute de l'administration et non pas du principe. Nous doutons beaucoup de la vérité de cette allégation; mais une chose est certaine, c'est que lorsque tant d'hommes de bien sont d'avis opposés; quand les partisans de chaque système réclament la supériorité de celui qu'ils défendent sur ces points de salubrité et de sainteté d'esprit; lorsque chaque parti fait appel avec tant de confiance aux statistiques, la différence doit être bien insensible[1].

L'esprit de parti a été si prononcé dans cette matière qu'il est difficile d'affirmer quel a été le résultat des expériences faites dans les différentes prisons. Il y a cependant des faits généraux qui sont hors de toute discussion. Le système d'agrégation est favorable à la santé des prisonniers; *l'homme animal* prospère sous son régime. Il est également certain que, dans le système de séparation tel qu'il est administré, les hommes peuvent jouir d'une assez bonne santé pendant nombre d'années, meilleure même qu'ils n'auraient eue probablement s'ils avaient continué à vivre en liberté, de la même vie qu'ils menaient avant leur condamnation. Si le système, tel qu'il a été administré dans ce pays, n'a pas été aussi favorable à la santé que celui de l'agrégation, du moins est-il susceptible de modifications qui le mettront à la hauteur de son rival. Les jardins introduits dernièrement à Philadelphie et les préaux de la maison de

[1] C'est seulement pour l'argumentation que nous admettons que la mortalité et l'insanité soient plus fréquentes dans les prisons du système de séparation que dans celles du système d'agrégation. Ce fait est toujours resté douteux, malgré les efforts de notre société des prisons, efforts qui tendaient toujours à élever sous ce rapport les prisons du système d'agrégation au-dessus des autres. (*Note de l'auteur.*)

Londres seront certainement favorables à la santé des détenus.

Mais, dira-t-on, les statistiques des deux systèmes, tels qu'ils sont administrés dans ce pays, sont favorables au système d'agrégation. Nous sommes obligé de dire que l'on ne peut attacher beaucoup d'importance à ces statistiques qui ont paru de temps à autre dans nos rapports annuels. Ils sont entachés d'une évidente partialité, et le zèle pour un système favori aveugle souvent l'esprit le plus honnête. En outre, ces statistiques n'ont pas la largeur de vue et l'intelligence des faits qui sont nécessaires en pareille matière.

Il n'y a pas de sujets sur lequel on puisse plus facilement se fourvoyer que sur les statistiques criminelles. Ainsi, en consultant le compte général de l'administration de la justice criminelle de France, nous trouvons que, dans l'une des dernières années, sur cent soixante mille poursuites cinquante-sept seulement ont eu lieu pour cause d'adultère. Maintenant si nous jetons un coup d'œil sur nos statistiques, nous y trouvons que dans certains États il y a eu, sur deux millions d'habitants, autant de poursuites pour cause d'adultère qu'en France sur ses trente millions d'âmes; donc, suivant les statistiques, l'adultère est quinze fois plus fréquent ici qu'en France, ce qui est une absurdité. Et si nous trouvons que les poursuites pour ce fait sont deux fois plus nombreuses en France qu'elles n'étaient il y a cinquante ans, en conclurons-nous, suivant la statistique, que le crime est plus commun, ou dirons-nous avec le bon sens qu'il devient plus rare, plus odieux, et que le mari, plus sensible à l'infidélité de sa femme, a plus souvent qu'autrefois recours aux tribunaux? Il en est de même pour les cas de récidives des différentes prisons. Supposons que sur mille individus libérés de Philadelphie, cinquante seulement soient traduits de nouveau devant la justice dans les dix années subséquentes, tandis que sur le même nombre de cinquante libérés d'Auburn, le nombre des récidivistes dans le même laps de temps sera de soixante; en conclurons-nous que le système pensylvanien est plus propre à détourner de la récidive? Nullement; si toutes les circonstances sont égales d'ailleurs, nous dirons que la police de New-York est plus vigilante, ou que les peines contre la récidive étant moins sévères, produiront moins d'effet, ou bien peut-être que le *commerce du vol* était plus florissant à cette époque dans l'État de New-York que dans celui de Pensylvanie. Puis il nous faudra savoir si les condamnés appartenaient à une même race d'hommes, s'ils étaient doués d'une intelligence semblable, d'un caractère à peu près pareil; toutes ces considérations et bien d'autres encore doivent être pesées avant de tirer une conclusion définitive des statistiques en ce qui touche aux récidives, autrement on courrait risque de donner dans l'erreur. Il est très-difficile d'apprécier les divers éléments ou calculs, et en se livrant à ce travail, l'on pourrait, sur les rapports de nos prisons, conclure également pour Auburn et pour Philadelphie en ce qui touche les cas de mortalité et de démence. Nous ne disons pas que cela serait *nécessairement*, mais que cela pourrait être, parce que jusqu'à présent on n'a pas suffisamment pesé tous les éléments des calculs.

Pour ce qui regarde la prison de Philadelphie, il faut faire une très-large part au genre de la population presque entièrement composée de mulâtres qui ne peuvent supporter les privations de la liberté comme des Saxons pur sang. Cette race est généralement très-dégradée et très-portée à la débauche, cause de tant de maladies du cerveau. Il faudrait aussi comparer la durée des sentences, l'effet du climat, la qualité de l'eau, la nature des occupations, tous ces éléments et d'autres encore ont besoin d'être pesés avant de pouvoir établir la comparaison entre la mortalité et les cas de démence dans les deux systèmes.

Mais en accordant pour un moment que les conclusions tirées de nos statistiques soient exactes, et que les cas de mort et de démence aient été plus fréquents dans nos prisons du système de séparation que dans les autres, il n'en résulterait pas que la question de salubrité fût décidée. Il y a en Europe beaucoup de prisons qui appartiennent au régime de séparation, et si nous les admettons dans notre comparaison, la statistique pourra faire pencher la balance en faveur du système de séparation. Nous avons consulté beaucoup d'ouvrages européens sur cette question, et il en résulte que le système de séparation est au moins aussi salutaire pour le corps et pour l'esprit que le système opposé. Nous renvoyons, pour les détails, aux rapports faits aux gouvernements d'Angleterre, de France et de Belgique; tous s'accordent pour confirmer l'assertion de M. de Metz, commissaire français. Celui-ci, après avoir examiné les deux systèmes dans notre pays, dit : « Je puis déclarer en conscience que, même sous ce rapport (celui de la santé physique et mentale), la discipline fondée sur l'entière séparation des condamnés peut supporter la comparaison avec tous les autres systèmes. »

A tous les raisonnements des médecins respectables qui font partie de notre Société des prisons, et qui essayent de prouver que le système de séparation est pernicieux à la santé et à la raison des détenus, nous répondrons par une citation tirée d'un rapport fait à la plus illustre société médicale du monde, l'Académie de médecine française. A la requête de l'inspecteur général des prisons, cette Académie nomma une commission composée des hommes les plus versés dans la connaissance pratique et philosophique de la médecine. Parmi eux on comptait des hommes tels que Louis, Pariset, Villermé, etc., et le rapport fait par Esquirol se termine par ces remarquables paroles :

«Si la commission avait eu à exprimer son opinion sur la préférence à accorder à un système pénitentiaire, elle n'hésiterait pas à se prononcer pour le système de Philadelphie, comme le plus favorable à la réforme morale des criminels. La commission n'ayant à se prononcer que sur la question sanitaire des divers systèmes pénitentiaires, est convaincue que le système de Pensylvanie, c'est-à-dire la réclusion solitaire et continue de jour et de nuit avec travail, conversations avec les chefs et les inspecteurs, n'abrége pas la vie des prisonniers et ne compromet pas leur raison.»

Mais laissons de côté ces imposantes autorités, et adressons-nous seulement au sens commun. Le système de séparation accorde toute la société nécessaire pour la santé du corps et de l'esprit, il exclut seulement celle des condamnés entre eux. N'est-il pas absurde de soutenir, comme certaines personnes semblent disposées à l'admettre, que l'exclusion de cette société des détenus entre eux est fatale à leur vie et à leur raison? Toute la discussion est là; et si toutes les autorités médicales du monde, si toutes les statistiques du globe s'accordaient à nous dire que le système de la séparation a rendu les hommes fous en les privant trop de société, nous répliquerions que le système a été mal appliqué, et que le remède est facile : donnez *aux prisonniers plus de société*, mais que ce soit la société des honnêtes gens.

Si, comme nous le croyons fermement, le système de séparation est bon dans son principe; s'il présente de grands avantages sur son rival; si, comme nous croyons l'avoir prouvé, son application peut n'avoir pas d'inconvénients sur la santé et la raison des détenus, ne discutons pas plus longtemps des questions oiseuses, telles que celles de savoir si les hommes causent ou ne causent pas à travers les murailles, si telle ou telle prison est bien ou mal administrée; ces discussions sont au moins inutiles; elles n'affectent pas le principe, mais seulement l'administration. Nous avons essayé d'éviter ces questions incidentes et d'examiner seulement comment on peut appliquer la théorie à la pratique.

On demandera peut-être pourquoi le système d'agrégation a obtenu tant de faveur, si le système de séparation lui est si supérieur. Ceux qui connaissent l'état de la question dans les pays les plus éclairés de l'Europe, savent que le système de séparation est en faveur et gagne rapidement du terrain... Quant à ce qui est des États-Unis, les causes de la préférence donnée généralement au système d'agrégation sont de plusieurs natures. On suppose d'abord qu'il est plus économique, et, en second lieu, il a été soutenu avec chaleur par un agent habile et zélé, je veux parler de notre Société des prisons; enfin, ce système était déjà une amélioration immense sur le régime qu'il remplaçait.

Voyons d'abord la question d'économie. Dans le système de séparation, il n'est pas douteux que la mise dehors de capital ne soit plus considérable que dans tout autre. Les ouvrages d'industrie peuvent être obtenus à meilleur compte quand les hommes travaillent ensemble. Les officiers, les gardiens et les instituteurs peuvent être moins nombreux et coûter moins cher dans le système d'agrégation; ils peuvent être moins nombreux, parce qu'ils ont à surveiller des compagnies entières et à agir avec des masses; ils peuvent coûter moins cher, parce que n'ayant pas de rapports *moraux* avec les hommes, il n'est pas nécessaire qu'ils aient beaucoup d'éducation. D'un autre côté, si, comme nous le croyons, le système de séparation est plus sévère, s'il peut opérer la réformation plus promptement que l'autre, il peut y avoir une diminution sensible dans la durée de la peine, et dès lors ce système l'emporte sur l'autre par l'économie.

Mais nous ne sommes pas disposé à insister sur ce point, parce que toute la discussion sur l'économie comparative des deux systèmes a produit, entre autres, le triste effet de décider la législature pour le système d'agrégation, parce qu'il est moins cher. C'est là un motif qui a peu de dignité et auquel il ne convient pas de faire appel. Accordons que le système d'agrégation coûte moins cher, et même qu'il est une source de profit pour l'État; qu'en résultera-t-il? L'un des principaux objets de la discipline d'une prison est la réformation des condamnés; que dirions-nous si les directeurs d'un hôpital refusaient aux patients les remèdes les plus propres à leur sauver la vie, parce qu'ils seraient plus chers que d'autres? Si une nation adopte quelque nouvel instrument de guerre plus meurtrier que les anciens, les autres ne s'empressent-elles pas de suivre leur exemple? Est-il donc plus important de détruire les hommes que de les sauver?

Honte aux arguments d'une pareille nature! des milliers de criminels ne deviennent tels que par la faute de la société, parce qu'ils ont été laissés dans une ignorance qui les a fait succomber à la tentation; d'autres se sont abandonnés au crime parce qu'ils n'ont pu lutter contre des dispositions héréditaires; quelques-uns doivent être considérés comme des victimes d'une maladie plutôt que comme des êtres responsables de leurs actions; c'est une charge sacrée pour la société, et cette société manque à tous ses devoirs si elle néglige de prendre les mesures nécessaires pour leur réformation, surtout si elle est arrêtée par une question d'argent, tandis qu'elle en dépense tant pour les orgueilleuses folies soit de la paix, soit de la guerre.

Nous voudrions que, du moment où le produit d'une prison couvre sa dépense, on diminuât les heures du travail exigé et qu'on accordât plus de temps à l'instruction des condamnés; il faudrait, si les fonds le permettaient, avoir à leur donner un instituteur pour dix ou douze hommes; et si les profits augmentaient encore, il faudrait les appliquer de quelque autre manière aux besoins des condamnés, ne pas tenter la cupidité de l'État ni exciter la méfiance du prisonnier en lui laissant supposer que le motif de la prolongation de sa peine peut être une spéculation fructueuse.

On pourrait dire, il est vrai, que l'État a le droit d'exiger du condamné le remboursement des dépenses que lui ont causées et son jugement et ses déprédations. Abstractivement parlant, cela peut être vrai; mais il faut considérer qu'exiger ce remboursement complet, serait pressurer complétement le malheureux condamné, et que, pût-il atteindre l'âge de Mathusalem, il ne parviendrait jamais à solder la part de cette vaste machine qu'on appelle justice. Si on peut appliquer ce principe, il faut du moins le faire dans le sens de la *loi nouvelle* qui pardonne sept fois soixante-dix fois, et non pas dans l'esprit de la *loi ancienne* qui exigeait œil pour œil et dent pour dent. Dans tous les cas, le condamné doit être mis à même de faire quelques économies pour le moment de sa sortie.

Mais retournons à notre sujet, la préférence de ce pays pour le système d'agrégation. Quand il y a lieu d'établir une nouvelle prison, des hommes qui, s'ils n'ont pas d'autre capacité, ont au moins celle d'entendre la question d'économie, s'assemblent, discutent les plans de l'édifice et le système à appliquer à la prison. Quand donc il est prouvé qu'une prison du système d'agrégation pourra faire ses frais, c'est un premier argument; et si on ajoute (ce qui est vrai) que certaines prisons versent chaque année quelques milliers de dollars de bénéfice net dans la caisse de l'État, quelle chance restera-t-il pour voir adopter un système qui nécessiterait le prélèvement d'une taxe?

Le véritable motif de la faveur qu'a rencontrée dans ce pays le système d'agrégation, est dans l'appui que lui a donné notre Société des prisons, appui fondé sur la richesse de l'association et l'influence morale des membres qui en font partie.

Cette société est la seule dans ce pays qui ait des fonds considérables à sa disposition; ses rapports ont été pendant longtemps la seule publication régulière sur la discipline des prisons; ces rapports ont été préparés par l'agent de la société, qui a employé tout son pouvoir pour appuyer le système de l'agrégation et pour déprécier celui de la séparation; faut-il dès lors s'étonner de l'effet produit sur le public, quand une partie connaît peu la matière et une partie plus grande encore y prend fort peu d'intérêt. Cependant, ces rapports ont eu une utilité marquée; ils ont introduit l'ordre, la morale et la discipline dans des prisons qui étaient encore de vrais foyers de corruption.

Quoique nous soyons peu partisan de la concentration de tous les pouvoirs de l'État dans les mains d'un petit nombre, il faut cependant convenir que, lorsque ce pouvoir veut porter son attention sur de hautes questions de science et d'humanité, ses effets sont aussi brillants que rapides. Quand nous voyons tout ce qui a été recueilli de faits par notre Société des prisons qui dispose d'un revenu de trois mille dollars, et par l'entremise d'un agent qui y a employé tout son temps, nous concevons sans peine ce qu'un grand gouvernement, disposant de fonds immenses, peut faire avec des masses d'hommes de talent, de science et de discernement qu'il peut envoyer dans tous les pays. Il y a à peine dix ans que les gouvernements de France et de la Grande-Bretagne ont commencé à s'occuper sérieusement de la discipline des prisons. Ils prirent pour agents des hommes distingués, et leur fournissant tous les moyens d'exécuter leur mission, les envoyèrent visiter les pays où il y avait quelque chose à apprendre. A leur retour, ils devaient rendre compte de leurs observations personnelles et faire profiter leur pays des expériences des autres.

Dans l'Europe centrale, la Prusse, quelques-uns des petits États allemands et même quelques cantons suisses se mirent en mesure d'avoir des renseignements sur ce sujet. Dans le Nord, la Suède demanda des renseignements à la Hollande, où ces matières avaient été longuement discutées, et le roi lui-même fit un ouvrage sur ce sujet. Plusieurs de ces gouvernements envoyèrent des commissions aux États-Unis pour examiner toutes nos prisons; les renseignements les plus détaillés leur furent fournis, et nul doute qu'en ce moment il n'y ait plus d'hommes en Europe ayant une connaissance approfondie de toutes nos prisons que sur le sol américain lui-même. Ainsi que nous l'avons vu plus haut, le gouvernement français porta l'attention jusqu'au point de consulter l'Académie de médecine pour savoir si le système du principe de séparation pourrait être nuisible à la santé ou à la raison des détenus; nous avons cité l'opinion négative émise par la commission après un examen. Quand les commissaires furent retournés en Europe et eurent fait leurs rapports, ces rapports devinrent le sujet de discussions prolongées en Angleterre, en Belgique, et surtout en France dans la Chambre des députés.

Il est digne de remarque que, pendant que notre société se reposait sur l'assurance que le système d'agrégation est le meilleur, les commissions étrangères envoyées ici étaient unanimes pour le trouver défectueux et très-inférieur à son rival. Pendant que nous lisions des pages sur la perfection du système d'agrégation, les habitants des cinq pays les plus civilisés de l'Europe lisaient les pages de leurs écrits impartiaux qui parlaient de son infériorité; et pendant que nous nous réjouissions de l'érection de deux ou trois nouvelles prisons du système d'agrégation, comme amenant le triomphe décisif de ce régime, on élevait en Europe des vingtaines de prisons du système de séparation.

L'histoire de cette révolution dans l'opinion est assez remarquable. Les premiers commissaires français, MM. de Beaumont et de Tocqueville, après un consciencieux examen des prisons des États-Unis, se prononcèrent décidément en faveur du système de séparation, tel qu'il est pratiqué à Philadelphie, et contre le système d'Auburn. Dans le dernier débat à la Chambre des députés, M. de Tocqueville répondit ainsi à l'assertion faite par un de ses collègues, que la préférence manifestée en France pour le système de séparation était due à ses efforts : « Qu'on me cite une seule question au monde, une seule qui ait été étudiée depuis si longtemps par tant de personnes diverses, d'une manière plus persévérante, d'une manière plus officielle, plus pratique que la question dont nous parlons ? Est-ce qu'après nous avoir envoyés en Amérique, le gouvernement s'en est tenu là ? Est-ce que deux ans après, deux autres commissaires n'ont pas reçu une destination semblable ? Le gouvernement anglais, de son côté, n'a-t-il pas envoyé depuis deux commissaires dans le même but ? Le gouvernement prussien n'a-t-il pas fait de même ? Est-ce que tous les commissaires sans exception, même ceux qui étaient partis avec des idées opposées à celles que nous avions déjà rapportées, après avoir visité sur les lieux ces établissements, ne sont pas venus apporter à leurs gouvernements des opinions identiques aux nôtres ? »

Cet homme d'État éminent, qui unit à un point rare la connaissance théorique à la connaissance pratique des faits, qui, sans esprit de parti, et uniquement par amour de la vérité, a si longtemps et si profondément étudié nos prisons, ajoute : « La plupart de ceux qui ont étudié sur les lieux les prisons des États-Unis, sont reconnus partisans déclarés du système de séparation, bien qu'ils fussent partis avec des préventions contraires ; tous ont reconnu l'action puissante de ce régime sur les prisonniers[1] »

M. de Tocqueville fait allusion à une seconde commission. Quelques années plus tard, le gouvernement envoya un nouveau commissaire, M. de Metz, qui dit dans son rapport : « Le système d'Auburn a de graves inconvénients, et nous déclarons que nos préférences et nos sympathies sont pour le système de Pensylvanie. Dans ce système, en effet, on trouve avantages certains pour la société, avantages certains pour le condamné ; la démoralisation y est impossible, l'amendement y est probable, et, dans un grand nombre de cas, infaillible. » Le rapport examine tous ces avantages et porte ensuite : « Tels sont les principaux motifs qui nous ont entraînés vers le système de Pensylvanie. Nous avons aujourd'hui pour guide l'expérience d'un régime qui depuis plusieurs années donne les meilleurs résultats. »

Le rapport du commissaire prussien est encore plus remarquable en ce qu'il avait commencé par être partisan du système d'agrégation. Il dit en

[1] Nous demandons pardon à M. de Tocqueville de l'avoir fait parler. Il nous a été impossible de retrouver ces dernières lignes dans *le Moniteur*, et nous avons été obligé de les traduire sur la traduction. *(Note du traducteur).*

parlant du pénitencier de Philadelphie : « Je déclare formellement qu'après avoir vu les prisons d'Europe et d'Amérique, aucune ne me paraît présenter tant d'équité et de justice dans l'infliction des châtiments; aucune ne présente autant de chances d'amendement pour le criminel que le système de séparation, combiné avec les visites régulières des gardiens, des inspecteurs, des aumôniers, des instituteurs et des médecins. Je dis *chances d'amendement*, car l'esprit humain est limité et ne peut guère qu'éloigner les obstacles qui préviendraient l'action de la grâce, à laquelle seule appartient la complète réformation du coupable. Cette opinion est le résultat de mes observations pendant mon séjour en Amérique, aussi bien que de mes études et de mes réflexions depuis mon retour, quoique je fusse parti avec une préférence marquée pour le système d'Auburn. »

Le commissaire anglais, M. Crawford, fit un excellent rapport, favorable au système de séparation. Il dit en parlant du pénitencier de Philadelphie : « Après un examen attentif et détaillé, après avoir interrogé un nombre considérable de détenus, je suis resté convaincu que la discipline de cette prison est sage et efficace, qu'elle n'a pas d'effets défavorables sur la santé ou sur les facultés mentales. » Et plus loin, il ajoute : « En Amérique, l'opinion publique a été faussée par la publication du résultat d'expériences faites, il y a plusieurs années, d'emprisonnement solitaire sans travail; ces publications ont obtenu une grande circulation en Angleterre, au grand préjudice de l'emprisonnement cellulaire de tous les régimes. »

Nous pouvons encore citer un autre rapport officiel, celui de MM. les commissaires nommés par le gouvernement du bas Canada, qui, après avoir visité nos prisons, ont donné la préférence au système de séparation ; ils terminent leur rapport par ces paroles : « Nous nous sommes, après mûr examen, décidés en faveur du système pensylvanien, quoiqu'il coûte plus cher et exige même de fortes dépenses de premier établissement. »

Ce sont là, nous le croyons, tous les documents officiels, excepté celui adressé au gouvernement du haut Canada, que nous n'avons pas pu nous procurer. Maintenant, quand nous considérons que les commissaires de quatre gouvernements, sans s'être concertés, quelques-uns même ayant au commencement des préventions contre le système pensylvanien, sont tous arrivés à conclure en sa faveur, nous ne pouvons nous empêcher de considérer cette unanimité comme un argument d'une grande force.

Outre la masse et la concordance des témoignages officiels donnés aux gouvernements européens en faveur du système de séparation, il y en a encore quantité d'autres fournis par des voyageurs sans titre officiel et par des auteurs qui ont écrit sur ce sujet. Si nous citions toutes ces autorités, dont plusieurs sont connues pour des auteurs distingués et doués de vues philosophiques profondes, nous aurions une liste imposante de témoignages en faveur du système de séparation; tandis qu'après avoir cité le professeur allemand Mittemair, et le Français M. Lucas, nous serions embarrassé de citer quelque autre auteur connu qui ait écrit en faveur du système d'agrégation. Nous ne donnons pas la liste des premiers, mais il y a un fait si significatif, si important et si honorable pour l'humanité, que nous ne pouvons nous empêcher de le mentionner. Le jeune roi de Prusse, maître absolu d'une des grandes monarchies de l'Europe, a donné toute son attention personnelle à ce grave sujet. Il a examiné de près par lui-même les prisons modèles du système de séparation qui existent en Angleterre, et les a comparées aux autres; et il a si bien senti la supériorité des premières, qu'après en avoir conféré avec ses conseils, il a ordonné dans ses États l'érection de quatre prisons du système de séparation. Le roi a fait, de son côté, preuve d'une intelligence distinguée : il a examiné les matières lui-même, a recueilli tous les documents possibles dans notre pays, et a enfin écrit un livre sur la matière; livre exprimant les sentiments les plus purs de l'humanité, rempli de sagesse, et qui plaide chaudement en faveur du système de séparation. Mais l'Europe nous fournit en faveur de ce système d'autres arguments plus concluants que les écrits des philosophes, des praticiens et des monarques. En effet, les deux systèmes ont fonctionné et fonctionnent encore; le régime d'agrégation a été trouvé défectueux, le système rival a eu de grands succès.

Nous avons présenté au lecteur quelques-unes des raisons qui nous ont porté à préférer le système de séparation à celui de l'agrégation; nous ne le croyons pas parfait, et nous avouons n'avoir encore rien rencontré de complétement satisfaisant. Le problème le plus important de la discipline des prisons reste à résoudre; savoir : trouver le moyen de donner au détenu une suffisante liberté d'esprit pour qu'il puisse cultiver ses sentiments moraux et religieux par un *exercice actuel et efficace,* de lui fournir le moyen de donner assez de force à sa conscience pour lutter avec succès contre la tentation ; en un mot, de lui donner un sens moral assez fort, assez indépendant pour qu'il ait le commandement de lui-même sans cependant abandonner les autres fins d'une prison. Il est bien clair que ce but n'est pas atteint maintenant; il est bien clair que nous ne pouvons y arriver par de simples prédications, par de simples exhortations, même en les multipliant; autant vaudrait-il essayer de confirmer le système musculaire par l'enseignement de la physiologie, ou en représentant tous les avantages de la santé et la nécessité de ne pas la négliger; les muscles qui ne prendront pas d'exercice seront toujours faibles, et les bonnes résolutions céderont à la première tentation un peu forte, si la conscience n'a pas été dressée à résister aux petites. Les chapelains et les visiteurs charitables sont assez disposés à croire aux apparences de pénitence et aux bonnes résolutions que les prisonniers forment devant eux; mais bien qu'elles puissent être réelles et sincères, elles sont rarement durables[1].

Pendant sa réclusion, le détenu est éloigné de la tentation, et le régime qu'il suit, la vie régulière et uniforme de la prison abat un peu sa force phy-

[1] Nous avons été bien tenté de supprimer ce passage, comme un peu trop théorique et trop décourageant de sa nature. Nous ne comprenons pas trop comment il serait possible de se livrer envers les prisonniers à cet exercice *moral* (et qui nous paraîtrait fort peu digne de ce nom) qui consisterait à les soumettre à de petites tentations pour leur donner l'occasion d'y résister. Nous croyons qu'il n'est jamais permis en éducation de tenter, c'est-à-dire de donner l'occasion de succomber. Nous pensons que les exhortations et les bons exemples, combinés avec la crainte du châtiment et l'espérance d'une récompense dans la vie future, sont les seuls moyens de moralisation; et ce qui nous confirmerait au besoin dans cette pensée, c'est que M. Howe, en nous indiquant la faiblesse des moyens, ne nous indique pas le remède. (*Note du traducteur.*)

sique et réduit la force de ses passions. Dans cette situation, il est plus susceptible d'impressions morales et religieuses, et devient sincèrement pénitent. L'homme d'un esprit posé voit que le crime est peu profitable et forme des projets d'amendement; celui qui est plus exalté se livre à ce qu'on appelle la conversion religieuse. Mais, à leur sortie de prison, les libérés s'abandonnent aux excès; leurs passions qui n'étaient qu'assoupies se réveillent, et la première tentation est souvent une occasion de chute. Les exceptions sont si rares que les gardiens des prisons et les personnes accoutumées à voir de près les détenus ont peu de confiance dans les réformes des adultes, et malheureusement leur scepticisme est presque toujours fondé.

Dieu est juste et ne récompensera pas par des années de paix religieuse une enfance passée dans la négligence de ses devoirs, une jeunesse coupable et un âge mûr criminel; cette paix ne s'achète pas par une bonne conduite forcée et par des accès passagers de remords. Mais abandonnera-t-on le pauvre criminel en proie aux passions qui ravagent son âme et son corps? Loin de nous une telle pensée; car si l'on peut apprendre à lire à l'aveugle, faire ... le muet[1], et donner à l'idiot quelques con-

...ue M. Howe n'a le droit de parler de ces mi-
...t de charité. Il dirige dans South-Boston un

naissances, il y aurait lâcheté à désespérer de ceux qui ont la jouissance complète de leurs sens et de leurs facultés.

Nous ne pouvons indiquer toutes les améliorations à faire dans une prison pour arriver à une réformation probable de leurs hôtes infortunés; mais nous ferons observer que ce qui paraît généralement le plus nécessaire, c'est d'adapter la nature et la durée du châtiment au caractère et à la conduite du prisonnier, et d'exercer l'empire qu'il peut avoir sur lui-même par un certain degré d'indépendance morale; en un mot, il faut l'élever en même temps qu'on le punit.

Quand on aura amplement pourvu à ces besoins, quand les hommes seront disposés à étendre aux pauvres prisonniers ce pardon qu'ils sollicitent chaque jour pour leurs propres fautes, quand ils leur accorderont la dixième partie du pardon et de la charité qu'ils sollicitent et qu'ils obtiennent pour eux-mêmes du Grand juge, quand il y aura sur la

établissement de sourds-muets et d'aveugles. Il est parvenu, chose merveilleuse, presque incroyable, à développer l'intelligence d'une malheureuse jeune fille sourde, muette et aveugle! Elle peut se faire entendre et comprendre elle-même par un certain mouvement de doigts qui correspond aux mouvements de son interlocuteur, et ayant prié M. Howe de lui demander quelle était la capitale de la France, elle a pris une plume et écrit sans hésiter le mot Paris. (*Note du traducteur.*)

terre un peu de cette joie qui se répand dans le ciel à la conversion du pécheur, alors, mais alors seulement, nous pourrons compter sur la réformation réelle de beaucoup de ces prisonniers aujourd'hui si méprisés et si négligés.

www.ingramcontent.com/pod-product-compliance
Ingram Content Group UK Ltd.
Pitfield, Milton Keynes, MK11 3LW, UK
UKHW020231220726
13923UKWH00002B/604